풍성한 신앙생활과 올바른 교리를 위한

52주 구역예배

교리/예배/찬송/가정/구제/주제별 공과

박재신 지음

하나님의 사람을
만들어 가는

엘맨
ELMAN

풍성한 신앙생활과 올바른 교리를 위한

52주 구역예배

초판1쇄	2022년 11월 30일
초판2쇄	2024년 3월 21일

지은이	박재신
펴낸이	이규종
펴낸곳	엘맨출판사
등록번호	제13-1562호(1985.10.29.)
등록된곳	서울시 마포구 토정로 222
	한국출판콘텐츠센터 422-3
전화	(02) 323-4060, 6401-7004
팩스	(02) 323-6416
이메일	elman1985@hanmail.net
	www.elman.kr

ISBN	978-89-5515-053-7 03230

값 8,000 원

풍성한 신앙생활과 올바른 교리를 위한

52주
구역
예배

교리 / 예배 / 찬송 / 가정 / 구제 / 주제별 공과

박재신 지음

하나님의 사람을
만들어 가는 **엘맨**
ELMAN

신앙생활을 잘하려면

선생님은 잘 가르쳐야 하고 학생은 공부를 잘해야 합니다. 사장님은 경영을 잘해야 하고 직장인은 맡은 일을 잘해야 합니다. 가수는 노래를 잘 불러야 하고 배우는 연기를 잘해야 합니다. 그래야 인정받고 상 받을 수 있습니다. 승진도 하고 명예도 주어지고 돈도 벌고 성공할 수 있는 것입니다. 그래서 사람들은 잘하기 위해 애를 씁니다. 아침 일찍부터 밤늦게까지 노력합니다. 그렇다면 그리스도인들은 어떠하여야 할까요? 그리스도인들은 주님의 발자취를 따르며 섬기는 사람들입니다. 주님을 섬기는 것을 "신앙 생활"이라고 한다면 당연히 신앙 생활을 잘해야 합니다. 잘하되 더 잘해야 합니다.

우리의 신앙 생활에 대하여 최종 판단을 주께서 내리실 날이 옵니다. 언젠가 주 앞에 서는 "그 날"말입니다. 그때 우리는 "잘 하였도다 착하고 충성된 종아…"라는 칭찬을 듣든지 아니면 "악하고 게으른 종아…"라는 책망을 받든지 둘 중에 하나가 될 것입니다. 이 말씀은 막연한 것 같지만 엄연한 현실로 다가올 사건입니다.

"착하고 충성된 종"이라는 평가를 받든지 아니면 "악하고 게으른 종"이라는 평가를 받든지 그것은 오늘 우리의 신앙 생활에 달려 있습니다. 신앙 생활을 잘한 사람들에게는 칭찬과 상급이 주어질 것입니다. 그렇지 못한 사람들에게는 책망과 저주가 선포될 것입니다.

신앙 생활이란 주일날에 교회에 와서 예배드리고 돌아가는 정도를 의미하는 것이 아닙니다. 교회 안에서뿐만 아니라 교회 밖에서도 신자가 되는 것을 의미합니다. 왜냐하면 신앙 생활은 교회에서만 이루어지는 것이 아니라 가정과 연결되고 사회와 연결되기 때문입니다. 우리가 처한 환경 전체가 신앙 생활의 현장입니다. 그러므로 우리의 믿음이 삶의 현장에서 열매로 나타나지 않으면 그것은 죽은 믿음입니다. 죽은 믿음 가지고는 천국에 갈 수 없습니다.

　어떻게 하면 신앙 생활을 더 잘할 수 있을까 하는 고민을 가지고 이 글을 썼습니다.　그래서 이 책은 어떤 신학적인 이론서가 아닙니다. 실제 삶의 현장에서 부딪치는 실제적인 주제들에다가 초점을 맞추어 52주 공과 형식으로 꾸몄습니다. 이미 제가 섬기는 교회에서 구역공과로 활용하여 성도들과 많은 은혜를 나눈 바 있습니다. 이 책이 주를 사랑하고 좀더 잘 믿어 보려는 열망을 가진 모든 그리스도인들에게 조금이라도 도움이 되었으면 좋겠습니다.

　나의 사랑을 내 주 예수 그리스도께 드리고 모든 영광을 아버지 하나님께 돌립니다. 이 책이 나오기까지 성원을 아끼지 않으신 사랑하는 양정(羊井)의 식구들에게 감사드립니다.

　나의 동역자들과 언제나 곁에서 목회에 밑거름 되기를 기뻐하는 사랑하는 아내 윤석분에게 고마운 마음을 드립니다. 이 책을 읽고 활용하는 주안에서 형제 자매된 모든 분들의 신앙 생활이 더 풍성해지고 잘되는 복이 임하기를 기원합니다.

2022.10.
양정교회 목양실에서

목차

1월

예배에 성공해야 합니다.-1

예배에 성공해야 합니다.-2

주일 성수를 잘해야 합니다.

성경을 읽어야 합니다.

1주 / 예배에 성공해야 합니다.-1

요한복음 4:23-24

예배는 하나님을 섬기는 신앙 행위의 최고 표현이며 하나님과 인격적 교제를 가질 수 있는 인간에게 있어서 가장 행복한 예식입니다. 신앙 생활에 있어서 예배에 성공하지 못하면 올바른 신앙이라고 볼 수 없습니다.

1. 예배에 성공한다는 것은 무슨 의미일까요?

하나님이 받으시는 예배가 성공하는 예배입니다. 아무리 정성으로 예배를 드렸다고 하더라도 하나님이 받으시지 않았다면 그것은 헛된 예배요, 성공한 예배가 아닙니다. 가인의 예배는 하나님이 받지 않았기에 그것은 실패한 예배입니다. 예배에 실패한 자에게는 복이 없습니다. 오직 아벨의 예배만 받으셨습니다. 하나님이 받으시는 예배만이 성공한 예배입니다(창 4:4-5).

2. 성공하는 예배를 드리려면 어떻게 해야 할까요?

① 예배의 대상을 알아야 합니다.

삼위일체의 여호와 하나님 외에 어떤 다른 신이나 조상 또는 살아 있는 어떤 인간도 예배와 경배의 대상이 아닙니다. 오직 예배를 받으실 분은 여호와 하나님 한 분밖에 없습니다. 예배하는 자는 이것을 알고 살아 계신 하나님께 찬양과 경배를 드려야 합니다.

② 예배의 중심이 바로 되어야 합니다.

예배의 중심은 "나"가 아니라 "주님"이십니다. 예배하는 자가 중심이 아니라 예배를 받으시는 하나님이 중심이 되어야 하는 것입니다. 참된 예배는 자신의 감정적 만족이나 욕구 해소를 위해서가 아닙니다.

은혜 받은 예배, 은혜 못 받은 예배로 구분하는 것은 잘못된 것입니다. 우리가 정성을 다해 드리면 내가 은혜를 받고 안 받고를 떠나 하나님이 기뻐하시기 때문입니다. 우리는 때로 아무 감동이나 느낌이 없다고 하더라도 내가 예배에 참석하였다는 것으로 감사해야 할 때가 있다는 것을 잊지 마십시오.

③ 성령으로 충만한 예배를 드려야 합니다.

성령의 역사는 감정을 통하여 나의 인격에 의지적으로 역사합니다. 성령에 의해 자신의 감정과 의지가 정복되어야 합니다.

④ 보는 예배가 아니고 드리는 예배가 되어야 합니다.

아멘 할 때 아멘 하고 따라 할 때 따라 하고 읽을 때에 함께 읽어야 합니다. 비판적이거나 냉소적(말 1:13)이어서는 안 됩니다. 보는 예배는 구경하는 것이지만 드리는 예배는 참여하는 것입니다.

⑤ 예배 시간에 지각하는 것도 옳지 않습니다.

예배 시간은 하나님과의 약속이기 때문입니다. 최선을 다해 늦지 않도록 힘써야 합니다. 지각하여 드리는 예배는 흠이 있는 제물을 여호와의 전에 바쳤던 이스라엘 백성들과 같은 것입니다.

말라기 선지자 시대의 사람들은 하나님께 예배드리는 것을 번폐스럽게 여겼습니다. 그리고 코웃음치며 토색한 물건과 저는 것, 병든 것을 가져다가 하나님께 바쳤습니다(말 1:13).

하나님은 그들에게 묻습니다. "내가 그것을 너희 손에서 받겠느냐."고 말입니다. 그래서 "너희 어린 양은 흠 없고 일 년 된 수컷으로 하되 양이나 염소 중에서 취하여 드리라고 출애굽기 12:5절에서 말씀하고 있습니다.

⑥ 공식 예배에 빠지지 말아야 합니다.

공식 예배는 하나님과의 만남이 약속되어진 예배입니다. 교회에서 드리는 공식 예배에 불참하는 것은 하나님과의 만남에 대한 약속을 일방적으로 지키지 않는 것과 같습니다.

⑦ 정성으로 드리는 예배가 되어야 합니다.

성경은 신령과 진정으로 예배해야 한다고 말합니다. 신자는 성령의 감화로 예배드려야 합니다. 졸거나 잠자거나 한눈팔지 말고 찬송할 때 찬송하고 기도할 때 기도해야 합니다.

⑧ 헌물이 있는 예배가 되어야 합니다.

하나님께 예배하는 자들이 빈손으로 오는 것을 하나님이 원치 않기 때문입니다. 예배하러 오는 자들에게 공수로 보이지 말라고 요구하고 있습니다. 받은 은혜대로 힘껏 드리라고 신명기 16:16-17절에서 말씀하였습니다.

복음 시대에도 이 말씀은 살아 있습니다. 우리는 구속의 은혜를 받았기 때문입니다. 바치는 생활에 그의 믿음이 드러나고 축복이 있습니다.

⑨ 단정하고 바른 자세로 드려야 합니다.

너무 짧은 치마나 몸에 너무 밀착되어진 의복 등은 예배드리러 올 때에는 삼가야 합니다. 그리고 호화로운 몸치장이나 너무 짙은 화장도 삼가는 것이 좋습니다.

예배 시간에는 강단을 주시하고 설교자를 응시해야 합니다. 다리를 꼬고 비스듬히 앉는 것을 삼가하십시오. 고개를 숙이고 있거나 눈을 감고 듣는 것도 바른 태도는 아닙니다.

그렇습니다. 하나님이 받지 않으시면 예배의 실패자입니다. 신령과 진정으로 하나님이 받으시는 예배를 드립시다.

◈ 생각해 봅시다.

1) 하나님이 어떠한 사람을 찾으신다고 하였습니까?(요 4:23)
2) 예배의 성공자가 된다는 의미는 무엇입니까?
3) 어떤 예배가 성공한 예배입니까?
4) 예배의 중심은 누구입니까?
5) 공식 예배에 참석하지 않는 것은 어떤 행위와 같습니까?

2주 / 예배에 성공해야 합니다.-2

요한복음 4:23-24

어떤 시골에서 한 가장이 예수 믿기로 작정하고 처음 교회에 나와서 목사님의 설교에 감동을 받았습니다. 그는 집에 돌아와 온 가족을 불러놓고 무릎을 꿇게 하였습니다. 영문을 몰라 어리둥절해 하는 가족들에게 "자, 지금부터 가정 예배를 드린다."라고 개회 선언을 했습니다. 그러나 마음만 뜨거울 뿐 도대체 가정 예배를 어떻게 드려야 하는지를 몰랐습니다. 골똘히 생각하던 가장은 갑자기 두 손을 번쩍 들더니 따라 하라고 하였습니다.

"예수 만세!" 가족들은 모두 가장을 따라 "예수 만세!"를 외쳤습니다. 가장은 그렇게 세 번을 외치더니 흐뭇한 표정으로 "이제 됐다 예배를 마쳤으니 가도 좋아"라고 했답니다.

사람 보기에는 우스꽝스런 예배지만 하나님이 보시기엔 기뻐 받으셨으리라 생각이 됩니다. 왜냐면 거기엔 간절하고도 진실한 마음이 담겨 있기 때문입니다. 그러므로 성도가 신앙 생활을 잘하려면 무엇보다도 예배에 성공자가 되어야 하고 예배의 성공자란 하나님이 받으시는 예배를 드린다는 것을 의미합니다.

1. 어떤 예배를 하나님이 받으실까요?

하나님이 받으시는 예배는 신령과 진정으로 드리는 예배입니다(요 4:24). "신령"에 해당하는 헬라어 퓨뉴마티는 "영", 또는 "영혼"을 의미하고 진정에 해당하는 알레데이아는 "참됨", "절대적인 진리", "사상과 행위에 있어서의 올바름"을 나타내는 말입니다. 그러므로 예배를 받으시는 하나님에 대한 정확한 지식을 가지고 진리인 말씀에 의존해서 참 마음을 다해 드리는 예배가 신령과 진정으로 드리는 예배입니다. 그러면 구체적으로 어떻게 하는 것이 신령과 진정으로 드리는 예배인지 생각해 봅시다.

① 마음을 드리는 예배입니다.

중심을 다하여 드린다는 것입니다. 몸은 교회에 있어도 마음이 딴 곳에 있으면 하나님이 받지 않으십니다. 중심을 드린다는 것은 예배에 방해가 되는 것을 제거하고 온전히 드리는 예배를 말합니다.

② 간절함이 있는 예배입니다.

간절함이란 최선을 다하는 것입니다. 성경에서 간절함을 말할 때 목마른 사슴이 물을 찾아 최선을 다하는 모습으로 비유하여 설명하고 있습니다(시 63:1, 42:1). 우리가 예배를 드릴 때 최선을 다해야 합니다.

말씀, 열심히 들어야 합니다.

기도, 간절히 부르짖는 기도를 하십시오.

찬송, 입을 크게 벌리고 정성껏 힘 다해 부르십시오.

우리가 간절히 하나님을 찾을 때 하나님이 만나주신다고 하셨습니다(잠 8:17). 그리고 하나님의 은총을 입는다고 하였습니다(잠 11:27).

③ 사모함이 있는 예배입니다.

우리가 주를 사모하여 주의 날과 주의 성전을 사모하고 주의 구원과 영원한 천국을 사모할 때 하나님은 우리의 영혼을 만족하게 하시고 좋은 것으로 채워주신다고 하셨습니다(시 107:9).

주의 날을 사모하십시오(벧후 3:12).

주의 성전을 사모해야 합니다(시 84:2).

주의 구원을 사모하십시오(시 119:81).

영원한 세계 곧 천국을 사모하십시오(전 3:11).

2. 예배에 있어서 실제적인 문제들

① 준비의 문제
예배는 철저히 준비되어져야 합니다. 월요일부터 주일 예배를 준비하여야 합니다. 예배 참석에 방해가 될 만한 요소들을 미리 제거하고 몸과 마음으로 그리고 헌금도 준비성을 가져야 합니다. 성도는 하나님을 찬송하고 예배를 위해 사는 사람들이기 때문입니다(사 43:21).

② 지각문제
공적 예배는 하나님과의 약속시간입니다. 적어도 15분 전에 미리 와서 기도하고 찬송합시다. 유명한 연극이나 어떤 명사의 강연장에도 미리 입장하는 것이 예의입니다. 하나님과의 약속을 소홀히 하지 맙시다.

③ 미리 나가는 문제
예배는 처음부터 끝까지 참여해야 합니다. 특히 목사의 축도는 그 날 하나님의 복이 선언되는 순간입니다(민 6:22-27).
아무리 바빠도 축도를 마치고 담임목사와 교제의 악수를 나누고 돌아가시는 것이 하나님이 받으시는 예배입니다.

④ 시선 문제
예배의 중심은 말씀입니다. 말씀이 선포되고 예배를 집례하는 강단을 향해 시선을 집중해야 합니다. 고개를 숙이거나 옆을 보고 있거나 조는 태도는 바른 예배의 태도가 아닙니다. 특히 함께 데리고 온 아이에게 시선을 뺏기면 안 됩니다.

⑤ 방해 요소들에 대한 문제
아이들이 이리저리 왔다 갔다 하지 않도록 부모님들은 단속하고 될 수 있는 대로 유아를 데리고 참석하시는 분은 유아실을 이용하십시오. 꾸준히 아이들에게 예배에 대해 교훈하십시오. 그리고 설혹 예배 분위기를 깨는 일이 있더라도 거기에 시선이나 마음을 뺏기지 않도록 하십시오.

그렇습니다. 예배는 사람에게 드리는 것이 아니라 하나님께 드려지는 것이기 때문입니다. 살아 계신 하나님 아버지께 우리가 할 수 있는 최고의 존중과 경의를 표하고 정성을 바치는 것이기 때문에 예배는 하나님이 받으시기에 합당한 기준에 의해 드려야 합니다. 신령과 진정으로 하나님이 받으시는 예배를 드려서 예배에 성공합시다.

◈ 생각해 봅시다.

1) 어떤 예배를 하나님이 받으실까요?(요 4:24)
2) 신령과 진정으로 드리는 예배는 무엇을 말할까요?
3) 축도가 끝나기 전에 나가도 될까요?

3주 / 주일 성수를 잘해야 합니다.

출애굽기 20:8-11

    신약 교회의 역사는 주일과 함께 시작되고 주일과 함께 발전하였습니다. 초대 교회의 성도들은 예수님께서 부활하신 안식 후 첫날인 주일에 모여 예배하고 기도하며 성도의 교제를 가졌고, 기독교 2000년 역사 가운데 변함없이 지켜져 내려오고 있습니다. 그러므로 신앙생활을 잘하는 것과 주일 성수는 연결되어 있습니다.

1. 주일이란 어떤 날입니까?

    ① 구약의 안식일의 의미가 이루어진 날입니다.

    안식일은 하나님께서 엿새 동안 창조 사역을 완성하시고 쉬신 날을 기념하신 날입니다. 하나님께서 이 날을 정하여 인간들에게 참된 안식을 주시고자 하셨습니다. 그리고 그 안식에 참여한 표로 안식일을 지키라고 명령하셨습니다. 그런데 인간 세상에 죄가 들어왔고 죄로 말미암아 하나님이 주신 참된 안식은 사라져 버리고 오히려 수고와 슬픔과 고통이 이 세상에 생겨났습니다. 하나님은 안식이 사라진 인간들에게 영원하고 참된 안식을 다시 주시고자 하셨습니다. 그래서 예수 그리스도를 이 땅에 보내셨고 그가 인간의 죄를 대신 지고 죽으심으로 인간에게 온갖 불행과 슬픔을 가져다 준 죄의 문제가 해결되었습니다. 죄 문제가 해결되었다는 증거로 죽으셨던 예수 그리스도께서 다시 부활하셨습니다. 그 부활하신 날이 바로 오늘의 주일인 것입니다. 그래서 오늘날의 주일은 인간에게 죄 문제가 그리스도로 말미암아 해결되고 참된 안식의 문이 열렸다는 의미가 있습니다. 안식일의 의미는 예수께서 다시 사신 주일에 완성되었습니다. 그러므로 신약의 성도들은 구약의 안식일을 지키지 아니하고 주일을 안식일로 지키는 것입니다.

② 주님께서 부활하신 날입니다.
안식 후 첫날 새벽에(요 20:1) 주님은 무덤에서 부활하셨습니다. 그래서 주일은 부활의 날입니다.

③ 주님이 주인이신 날입니다.
주일의 주인은 예수님이십니다. 마태복음 12:8절에 보면 예수님이 스스로 안식일의 주인이라고 하셨습니다.

2. 주일 성수의 3가지 원리
주일을 지키는 원리는 3가지가 있습니다. 쉼의 원리, 예배의 원리, 봉사와 헌신의 원리입니다.

① 쉼의 원리
주일은 모든 세속적인 일들을 중지하고 쉬어야 합니다. 이것은 하나님이 세운 규례입니다. 6일 동안 일하시고 휴식하시면서 우리 인간들에게도 휴식하라고 말씀하셨습니다. 그러므로 안식일은 쉼으로 복 받는 날입니다. 왜냐하면 다른 날에는 일하므로 복을 받도록 하셨으나 안식일에는 일에 복을 주신 것이 아니라 날 자체에 복을 주셨기 때문입니다(창 2:3).

② 예배의 원리
주일에 무조건 쉰다고 해서 다 복된 것이 아닙니다. 하나님을 만나는 시간을 가져야 합니다. 그것이 바로 예배입니다. 주일날 예배에 빠지는 것은 진정한 주일 성수가 아닙니다. 하나님이 구별하여 거룩하게 하였기 때문에 우리가 예배함으로써 하나님의 거룩함에 동참합니다.

③ 봉사와 헌신의 원리

예배를 드리고 남는 시간들을 어떻게 써야 할까요? 교회의 여러 가지 봉사를 맡아 한다든지, 전도 활동, 환자 위문, 교회 사역 봉사 등등 우리가 주일날 하나님을 위해서 할 만한 일들을 찾아서 힘쓰는 것은 주일 성수의 원리입니다.

3. 주일 성수에 있어서 실제적인 문제들

① 주일은 반드시 준비하여 지켜야 합니다.

구약의 안식일에도 그 전날을 예비일이라고 하여 안식일을 준비하는 날이 있던 것처럼 주일도 마찬가지입니다(막 15:42). 바로 토요일이 주일을 준비하는 날입니다. 모든 바쁜 일들이 주일날에 생기지 않도록 미리 일들을 처리하여야 합니다. 예배드릴 마음의 준비를 갖추고 주일 예배시에 드릴 헌금을 정성껏 미리 준비하여야 합니다(고후 9:5).

② 주일 성수는 온전히 해야 합니다.

아침 눈을 뜨는 시간부터 저녁 잠드는 시간까지가 주일입니다. 주일은 하루 전체가 구별되어진 거룩한 날이기에 전체 시간을 하나님께 바치는 것입니다.

③ 하나님께서 택하신 장소에 성회로 모여야 합니다.

주일은 성도가 하나님의 이름을 두시려고 택하신 장소에 함께 모여(신 16:11) 하나님을 예배하고 거룩한 교제를 나누어야 합니다. 교회라는 의미가 회중을 뜻하는 히브리어 카할에서 유래하였기 때문에 안식일을 지키는 것은 모임을 의미하기도 합니다.

④ 세속적인 오락이나 쾌락을 좇는 것은 옳지 않습니다.

주일에 성도의 경건을 해칠 만한 세속적인 오락을 행하는 것은 옳지 않습니다(사 58:3, 13).

⑤ 불요불급한 구매 행위도 삼가는 것이 옳습니다.

주일이 아닌 날에 할 수 있는 구매 행위를 구태여 주일에 하는 것은 옳지 않습니다. 궁극적으로 주일에는 오직 하나님께 예배하고 성도의 교제에 힘쓰며 사랑과 봉사로서 자신을 드리는 일에 시간을 투자하십시오.

⑥ 주일 성수의 문제는 복음적이어야 합니다.

주일 예배에 한번 빠졌다고 해서 저주가 임하는 것은 아닙니다. 그러나 주님의 구속의 은혜를 진정 깨달은 사람은 주일을 귀하게 여기고 범하지 않습니다. 주일 성수를 생명처럼 알고 기쁨으로 성수하는 것입니다. 그렇습니다. 주일은 예수님이 죄와 사망을 이기시고 부활하신 날로서 안식일의 의미가 완성된 날이기 때문에 인간의 날이 아니라 하나님의 날입니다. 이 날은 하나님이 구별하셨습니다. 그러므로 성도들도 다른 날과 구별하여야 합니다. 주일 성수에서 실패하면 모든 영적 싸움에서 실패할 수밖에 없습니다.

◈ 생각해 봅시다.◈

1) 주일이란 어떤 날입니까?
2) 안식일과 주일은 어떤 관계에 있습니까?
3) 주일성수의 3가지 원리는 무엇입니까?
4) 율법적 주일 성수와 복음적 주일 성수의 차이점은 무엇입니까?
5) 가족 행사(생일, 회갑연, 결혼 등등) 또는 직장일, 모임(계모임, 친목회 등)을 주일에 날잡아 하는 것은 성경적 입장에 비추어 볼 때 어떠하다고 생각합니까?

4주 / 성경을 읽어야 합니다.

딤모데후서 3:15-17

학생들이 학교에서 공부를 할 때 교과서가 있습니다. 교과서는 무엇을 어떻게 배워야 할지를 가르쳐줍니다. 성도의 신앙 생활도 마찬가지입니다. 성경은 우리가 신앙 생활을 어떻게 해야 할지를 가르쳐주고 어떻게 살아야 할지는 가르쳐주는 인생의 교과서입니다.

1. 성경은 어떤 책입니까?

① 성경은 하나님의 말씀입니다.

왜 성경이 하나님의 말씀이냐 하면 성령의 감동으로 기록되었기 때문입니다. 인간의 지식으로 기록된 것이 아닙니다. 성령의 감동을 받은 40여 명의 다양한 계층의 저자들에 의해 1600여 년의 장구한 세월에 걸쳐서 기록되었음에도 내용과 주제에 있어서 통일성을 가지고 있습니다. 이것은 성경이 인간의 저작물이 아니라 하나님이 그의 신실한 종들을 감동시켜 기록한 하나님의 저작이라는 사실을 우리에게 가르쳐주고 있는 것입니다. 성경이 하나님의 말씀이기 때문에 성경은 오류나 잘못이 없습니다. 정확 무오한 하나님의 말씀입니다.

② 성경은 인간 구원을 목적으로 기록된 책입니다.

성경은 죄에 빠진 인생들을 어떻게 구원하시는가 하는 하나님의 구속사를 기록한 책입니다. 그렇기 때문에 성경은 인간의 죄의 근본 문제와 죄에 대한 해결책을 제시하고 있습니다. 인간의 구원에 대하여 성경 이외에는 그 어떤 책도 필요치 않습니다.

③ 신앙과 생활에 대하여 유일하고 완전한 법칙입니다.
성경은 성도들이 가져야 할 인생의 가치관과 믿음, 그리고 행하여야 할
참된 길을 제시해줍니다.

2. 왜 성경을 읽어야 합니까?

① 하나님의 뜻을 아는 길이기 때문입니다.
하나님은 성경을 통해서 자신의 뜻을 사람들에게 나타내십니다. 성경을
읽을 때 성령께서 우리 마음의 눈을 밝혀 하나님의 뜻을 깨닫게 하시는 것
입니다. 성경을 떠나서 하나님의 뜻을 발견할 수 없는 것입니다.

② 신앙 생활에 있어서 절대적인 지표이기 때문입니다.
성경은 우리가 어떻게 신앙 생활을 하고 어떻게 하나님을 섬길 것인가
하는 문제에 대하여 자세한 가르침을 줍니다. 성경 속에 하나님을 섬기는
방법이 들어 있습니다. 성경은 하나님의 계명이요, 율법이기 때문입니다.

③ 성경은 신령한 지혜를 얻게 하기 때문입니다.
인간에게 참 지혜는 하나님을 아는 것이라고 했습니다. 바울 사도도 하
나님을 아는 지식의 고상함을 말하고 있습니다. 세상적인 지혜가 아니라
신령한 지혜가 성경속에 담겨 있습니다.

④ 성경은 영적인 양식이기 때문입니다.
사람들이 밝고 건강한 삶을 살려고 하면 기본적으로 먹어야 할 세 가지
의 양식이 있습니다.
첫째는 육신의 양식입니다. 사람이 건강을 유지하며 살아가는데 육의 양
식은 필수적인 것입니다. 아무 음식이나 골고루 잘먹어서 영양을 섭취하

여야 건강을 유지할 수 있습니다.

두 번째는 마음의 양식입니다. 마음의 양식은 지성미를 의미합니다. 이 양식이 풍부한 사람은 교양미가 넘쳐흐르는 사람입니다. 마음의 양식은 책을 읽음으로 풍부하게 얻을 수 있습니다.

세 번째는 영의 양식입니다. 영의 양식은 하나님의 말씀입니다. 그래서 예수님은 사람이 떡으로만 살 것이 아니요, 하나님의 입으로 나오는 말씀으로 산다고 하셨습니다(마 4:4).

우리가 육신의 양식을 먹지 못하면 병들거나 생명을 유지할 수 없는 것처럼 우리의 영도 마찬가지로 양식을 필요로 하고 있습니다. 그래서 성경을 읽어야 합니다.

3. 성경을 어떻게 읽어야 할까요?

① 반드시 읽기 전에 잠깐 기도하고 읽으십시오.

성경은 성령의 감동으로 기록되었기 때문에 성령의 조명을 받지 않으면 뜻을 이해할 수 없습니다. 성령께 의지하여 읽어야 합니다.

② 날마다 규칙적으로 계획을 세워 읽으십시오.

기분 내키는 대로 읽는 것은 바람직하지 않습니다. 계획을 세우고 그것에 따라 규칙적으로 읽어야 합니다.(성경 읽기표 등을 이용) 그리고 여기 저기 조금씩 읽지 말고 성경의 책별로 순서를 정하여 계속 읽으십시오.

③ 성경의 전후 문맥을 생각하면서 읽으십시오.

이 말은 앞뒤의 문맥을 이해하면서 읽으라는 것입니다. 그러나 전혀 이해가 안 되는 부분은 억지로 해석하려 하지 말고 그냥 지나치십시오.

④ 반복하여 읽으십시오.

성경은 동일한 내용을 읽어도 그 때마다 새롭게 깨달아지고 감동이 되는 경우가 있습니다. 그리고 지금은 이해가 안되어도 어느 순간에 성령께서 마음을 열어 알게 하실지 모르기 때문에 이해가 되는 부분이나 이해가 안되는 부분이나 빼놓지 말고 반복해서 읽으십시오.

⑤ 소리내어 읽으십시오.

눈으로 보는 것을 입으로 소리내어 읽으십시오. 소리내어 읽는 것은 마음을 집중할 수가 있고 잡념을 물리칠 수 있는 좋은 방법입니다.

⑥ 메모하며 묵상하고 삶으로 실천하십시오.

읽으면서 특별히 깨달아지거나 감동된 구절은 따로 메모하여 묵상하고 그 말씀을 자신의 삶에 적용하도록 하십시오. 성경을 읽는 것은 앎을 위해서가 아니라 삶을 위해서이기 때문입니다.

그렇습니다. 성경은 살아 계신 하나님의 말씀으로 우리가 가져야 할 믿음과 인생의 참된 가치관을 알게 하고 걸어야 할 신앙의 길을 제시해 줍니다. 그러므로 성경을 읽읍시다. 읽고 그 말씀을 삶에 구체적으로 적용하여 실천합시다. 그래야 신앙 생활을 잘할 수 있습니다.

◈ 생각해 봅시다.

1) 성경은 어떤 책입니까?
2) 성경을 읽어야 하는 이유가 무엇일까요?
3) 사람들이 기본적으로 먹어야 할 세 가지 양식은 무엇입니까?
4) 요한계시록 1:3절에 누가 복되다고 하였습니까?
5) 요한계시록 22:7절에 의하면 말씀을 읽는(듣는)것보다 더 중요한 것은 무엇이라고 했습니까?
6) 말씀을 삶에 적용하는 것이란 무엇일까요?

2월

찬송 생활을 잘해야 합니다.

성도의 교제를 힘써야 합니다.

언어 생활을 잘해야 합니다.

봉사 생활을 잘해야 합니다.

5주 / 찬송 생활을 잘해야 합니다.

이사야 43:21

하나님은 자신이 지으신 인간들을 통해서 찬송 받으시고자 하는 뜻을 가지고 계십니다. 그래서 이사야서 43:21절에 보면 "이 백성은 내가 나를 위하여 지었나니 나의 찬송을 부르게 하려 함이니라."라고 하였습니다. 그러므로 성도의 생활에 있어서 찬송을 부르는 것은 대단히 중요합니다. 신앙 생활이란 결국 하나님을 찬송하고 그를 기뻐하는 것이기 때문입니다.

1. 찬송의 정의

찬송이란 하나님의 본질과 성품 그리고 사역에 대한 지극한 최고의 경배와 찬사를 의미합니다.

2. 찬송의 구분

에베소서 5:19절에 보면 "시와 찬미와 신령한 노래들"에 대하여 기록되어 있습니다. 시란 구약의 시편을 의미합니다. 그리고 찬미는 하나님의 은혜와 영광을 찬양하기 위해 지은 시들을 말합니다. 그리고 신령한 노래는 은혜 받은 성도들의 경건한 신앙이나 영적 체험 등이 담긴 일반적인 성가와 복음송들을 의미합니다.

3. 찬송의 대상

이 세상에서 찬송 받으실 분은 오직 전능자이신 창조주 하나님 아버지 한 분밖에 없습니다. 다른 피조물은 결코 찬송의 대상이 될 수 없습니다. 오직 하나님만이 찬양 받으실 분인 것입니다. 찬송이라는 단어가 신약에서는 48회, 구약에서는 351회 나오는데 언제나 "하나님을", "하나님께" 또는 "여호와께", "여호와를" 이라는 호칭이 붙여져서 사용된 것을 볼 수 있습니다. 이것은 말 할 것도 없이 찬송의 대상이 하나님이라는 것을 말하는 것입니다. 그러므로 삼위일체 되신 하나님 외에 그 누구에게 어떤 명분과 이유에서라도 찬송해서는 안됩니다. 다른 어떤 피조물에게 경배와 찬송을 돌리는 것은 하나님이 가장 싫어하시는 죄악입니다. 이사야 42:8절에서 "나는 여호와니 이는 내 이름이라. 나는 내 영광을 다른 자에게, 내 찬송을 우상에게 주지 아니하리라."라고 하였습니다.

4. 하나님을 찬송해야 할 이유

① 성도가 해야 할 마땅한 일이기 때문입니다.
시편 33:1절에 보면 "너희 의인들아, 여호와를 즐거워하라. 찬송은 정직한 자의 마땅히 할 바로다."라고 하였습니다.

② 모든 것이 여호와께로 말미암고 우리는 그것을 누리고 있기 때문입니다(욥 1:21).
믿음의 사람 욥은 "모태에서 적신이 나왔사온즉 또한 적신이 그리로 돌아가올지라 주신 자도 여호와시요, 취하신 자도 여호와시오니 여호와의 이름이 찬송을 받으실지니이다."라고 고백하였습니다. 빈손 들고 태어난 우리가 오늘 가지고 있고, 누리고 있는 것 모든 것이 다 주님이 주신 것입니다. 그러기에 찬송해야 합니다.

③ 하나님의 하신 일이 크고 놀랍기 때문입니다.
욥기 36:26절에 보면 "하나님은 크시니 우리가 그를 알 수 없고 그 연수를 계산할 수 없느니라."라고 하였습니다. 크신 하나님 앞에서 우리가 할 수 있는 일은 오직 감탄해 마지않는 찬송뿐입니다.

④ 날마다 우리의 짐을 져주시기 때문입니다(시68:19).

무거운 짐지고 고생하는 인생들을 향해 "수고하고 무거운 짐진자들아 다 내게로 오라."라고 하셨습니다. 그렇습니다. 주님은 우리의 모든 짐을 대신 지신 분입니다. 스스로 질 수 없는 죄짐을 져주셨습니다. 그래서 시 68:19절에 보면 "날마다 우리 짐을 지시는 주 곧 우리의 구원이신 하나님을 찬송할지로다."라고 하였습니다.

⑤ 우리를 도우시기 때문입니다.

시편 기자는 이렇게 말합니다. "내 영혼아, 네가 어찌하여 낙망하며 어찌하여 내 속에서 불안하여 하는고. 너는 하나님을 바라라. 나는 내 얼굴을 도우시는 내 하나님을 오히려 찬송하리로다."라고 말입니다(시 43:5).

그렇습니다. 하나님은 우리의 얼굴을 도우시는 분이십니다. 그러므로 무슨 일에나 낙심할 것 없이 하나님을 찬송합시다.

5. 찬송을 바르게 부르려면

① 마음을 다해서 불러야 합니다.

에베소서 5:19절 끝 부분에 보면 "마음으로 주께 노래하며…"라고 하였습니다. 이것은 찬송이 단지 어떤 곡조 있는 노래를 부르는 것 이상이라는 것을 말하는 것입니다. 마음으로 부르지 않는 찬송은 찬송이 아닙니다.

② 큰 소리로 성의를 다하여 불러야 합니다.

너무 작은 소리로 부르거나 입으로는 찬송을 부르되 한눈파는 것, 그리고 딴 생각을 하는 것은 옳지 않습니다.

③ 박자와 음정을 틀리지 않게 부르십시오.

될 수 있으면 박자와 음정이 틀리지 않도록 불러야 합니다. 그러기 위해 찬송을 배우고 연습하여 아름다운 찬양이 되게 하십시오(대상 25:7).

6. 찬송의 능력

찬송 부를 때 하나님이 함께하시고 역사하십니다.

① 바울과 실라(행 16:25-26)

캄캄한 밤 빌립보 감옥에 갇힌 바울과 실라가 옥중에서 찬송할 때 하나님의 천사가 와서 옥문을 열고 쇠사슬이 풀어졌으며 간수가 예수 믿는 역사가 나타났습니다.

② 여호사밧 왕(대하 20:22)

암몬과 모압이 쳐들어와 싸우러갈 때 군인들 앞에 찬양대를 세워 하나님께 찬송 드리게 하였습니다. 그랬더니 하나님께서 복병을 적군에게 보내어 여호사밧 왕을 도와 승리하게 하였습니다.

그렇습니다. 찬송할 때 하나님이 기뻐하시고 찬송하는 자에게 놀라운 은혜를 주십니다. 그러므로 성도는 모든 수단을 다 동원하여 하나님을 찬양해야 합니다. 박수를 치거나 악기를 통해서도(시 47:1, 150:3-5) 할 수 있고 손을 들고(시 63:4) 춤을 추면서도(시 149:3) 찬송할 수 있습니다. 입에서 자동으로 세상의 유행가가 나오고 온갖 잡스런 대화들만 오고 간다면 그의 영적 상태에 문제가 있는 것입니다. 입만 열면 찬송과 주님을 찬양하는 경건한 언어가 우리 입술의 열매로 맺어지게 합시다.

◈ 생각해 봅시다.◈

1) 찬송의 정의와 대상을 말해 보시오.
2) 하나님을 찬송해야 될 이유는?
3) 찬송을 바르게 부르려면?
4) 찬송 부를 때 하나님이 함께하신다는 증거는 무엇입니까?

6주 / 성도의 교제를 힘써야 합니다.

요한일서 1:3, 시편 133:1

아무리 활활 타오르는 모닥불이라도 나뭇가지를 흩어 놓으면 불꽃이 시들해지고 급기야 꺼지는 것을 볼 수 있습니다. 신앙 생활도 마찬가지입니다. 혼자서도 믿음을 가질 수는 있습니다. 그러나 성공적인 신앙 생활을 할 수는 없습니다. 그래서 성도의 교제는 중요합니다. 그래서 사도 신경에서도 성도가 서로 교통하는 것을 믿는다고 공적인 신앙고백을 하는 것입니다.

예수님의 제자 교육 방식을 살펴보면 성도의 교제가 얼마나 중요한지 잘 알 수 있습니다. 예수님은 제자들을 개인적으로 불러서 그룹으로 훈련시키셨습니다. 혼자 따로따로 볼 때 다 훌륭하고 믿음이 좋았습니다. 그러나 그들이 모여서 무리가 되었을 때 여러 가지 문제가 발생되었습니다. 다툼도 있었고 시기 질투도 있었습니다. 그러나 주님은 제자라는 틀에 넣고 그들을 교육하셨습니다. 주님은 지금도 마찬가지로 믿음의 형제(교회)라는 하나의 틀을 가지고 우리를 가르치시고 뜻을 펼치시기를 원하십니다. 그래서 믿음의 형제들끼리의 교제는 신앙 생활에 있어서 대단히 중요합니다.

1. 성도의 교제란 무슨 의미입니까?

"교제"라는 말의 헬라어 단어는 "코이노니아"인데 세 가지의 뜻이 있습니다.

① 사귐 즉 친교를 의미합니다.

뜻이 맞고 친숙한 사람이 서로 끼리끼리 좋아하는 세속적인 사교 생활을 의미하지 않습니다. 성도의 교제란 하나님과의 깊은 영적 사귐을 생활에 연장하여 생활화하는 것입니다. 즉 하나님과 동행하며 그리스도와 동고 동락하는 것을 우리의 생활에서 실천해 나가는 것이 성도의 교제입니다. 하나님을 향한 믿음과 예배 행위의 진실성이 성도의 교제를 통해서 나타나고 실증되는 것입니다(요일 1:3).

② 예수 그리스도 안에서 함께 하는 공동체적 우정을 의미합니다.

성도의 교제는 주안에서 거듭남을 시작으로 출발하여 그리스도 안에 있는 사람들에게 한정됩니다.그리스도로 말미암아 거듭난 사람들 사이에서 싹트는 형제애(우정)가 바로 성도의 교제입니다.

여기에는 성격, 취미, 환경, 교육 수준, 경제 능력, 지위 등이 조건이 될 수 없습니다. 이 우정의 조건은 오직 그리스도의 구속에 있습니다. 어떤 세속적인 조건에 의하여 끼리끼리 함께하는 것은 성도의 교제가 아닙니다. 오직 그리스도로 말미암은 목적을 가지고 함께 나누는 우정이 믿음의 교제입니다.

③ 나누어 주는 행동을 의미합니다.

코이노니아는 디모데전서 6:18절에서 나눔이라는 뜻으로 번역되었습니다. 그러므로 성도의 교제는 우리들이 남에게 나누어줌으로써 그리스도에게 얻고 서로가 공평하게 된다는 것을 의미합니다. 제자들은 이것을 소유를 드려 함께 떡을 떼는 것으로 실천하였습니다(행 2:42).

2. 왜 성도의 교제가 중요합니까?
① 성도는 그리스도 안에서 한 몸 된 지체이기 때문입니다.
② 우리가 약하기 때문입니다(전 4:12).
③ 주님의 뜻이기 때문입니다(고전 1:9).

3. 성도의 교제에 있어서 실제적인 방법들은 무엇입니까?

① 서로 만나야 합니다(히 10:25).

② 진실하고 솔직한 대화를 나누어야 합니다.

　가식은 사람의 마음을 감동시키지 못합니다. 꾸밈을 버리고 있는 모습 그대로 보일 때 신뢰감을 줍니다.

③ 남을 나보다 낫게 여기는 자세로 대하십시오(빌 2:3).

④ 언제나 웃음을 잃지 마십시오.

　찡그리는데는 72개의 안면 근육이 움직이지만 웃는 데는 14개만 사용됩니다.

⑤ 상대방의 이름을 기억하고 이름을 사용하십시오.

　다정하게 자신의 이름을 부르는 소리만큼 감미로운 소리는 없습니다.

⑥ 적극적인 친절을 나타내십시오.

⑦ 최대한 성심껏 상대하십시오.

⑧ 사람들 앞에서 칭찬하는데 인색하지 마십시오.

　사람은 자기를 칭찬하는 사람을 신뢰하게 됩니다. 그리고 그에게 마음을 열게 되어 있습니다.

⑨ 긍정적이고 소망적인 언어를 사용하십시오.

⑩ 봉사하고자 하는 자세를 가져야 합니다.

　마음과 정성, 시간과 물질을 가지고 베푸는 것이 진정한 봉사입니다.

⑪ 상대방의 감정을 고려하고 입장을 세심하게 배려하십시오.

　그리하면 고맙게 생각할 것입니다.

⑫ 상대방의 약점이나 비밀은 절대로 누설해서는 안 됩니다.

⑬ 보다 더 영적이고 그리스도의 뜻을 찾는 결론에 도달해야 합니다.

　그렇습니다. 그리스도인들은 그리스도 안에서 한 형제요 자매입니다. 주님이 오실 때까지 서로 교제하여야 합니다.

◈ **생각해 봅시다.**

1) 당신에게는 일주일에 한 번 이상 전화나 또는 직접 대화하는 친구가 몇 명이나 있습니까?
2) 그 친구들과의 교제가 신앙적으로 도움이 되고 있습니까?
3) 교회 안에서는 누구와 교제하여야 할까요?
4) 성도의 교제의 목적은 무엇입니까?
5) 진실한 성도의 교제를 위해서 지금 내가 할 수 있는 일이 무엇일까요?

7주 / 언어 생활을 잘해야 합니다.

야고보서 3:1-10

인간은 언어를 통해서 자신의 의사를 전달하고 감정을 표현하고 지식을 전달합니다. 그리고 종교적인 신뢰와 사랑을 표현하기도 합니다. 이러한 사회를 가리켜 언어 공동체라고 할 수 있습니다. 사람은 그 누구든 이 언어 공동체에 속하지 않고서는 이 세상에서 생활할 수가 없습니다. 신앙 생활도 마찬가지입니다. 하나님의 계시가 언어라는 수단을 통하여 우리에게 주어졌기 때문에 언어 없이는 하나님과 올바른 관계를 유지할 수가 없습니다. 언어는 하나님이 인간에게 주신 최대의 축복입니다. 그러므로 기독교인들이 어떤 언어를 사용해야 하느냐 하는 것은 대단히 중요합니다. 왜냐하면 많은 사람은 언어에 의해 만들어지기 때문입니다. 그리고 그가 사용하는 언어를 보고 인격을 알 수 있고 신앙과 생각을 읽을 수 있습니다.

1. 말에는 다음과 같은 힘이 있습니다.

① 각인력이 있습니다.

어떤 학자는 인간의 뇌 세포의 98%가 말의 지배를 받는다고 발표하였습니다. 그래서 말하는 사람은 자기도 모르게 뇌 세포에 각인되어진다는 것입니다. 되풀이되는 말은 머리에 각인이 되고 행동화됩니다.

② 견인력이 있습니다.

말에는 행동을 유발시키는 힘이 있습니다. 말을 하면 뇌는 신경을 지배하고 신경은 행동을 지배합니다. 내가 말한 것이 뇌에 전달되어 행동을 이끌어 내는 것입니다. 그래서 행언일치라고 말하지 않고 언행일치라고 합니다. 말(言)은 말(馬) 같아서 행동의 마차를 끄는 힘이 있습니다.

③ 성취력이 있습니다.

말을 되풀이하면 그것은 그의 머리에 각인되어 신념이 됩니다. 신념은 그의 행동을 유발시킬 뿐 아니라 목표에 도달하도록 합니다.

2. 어떤 언어를 쓸까요.

① 소망스러운 언어

하나님은 심판의 대상자에게는 절망을 선포하였어도 그의 사랑하는 백성들에게는 언제나 소망을 말씀하셨습니다(렘 29:11). 그러므로 성도에게 있어서 절망적인 언어는 하나님이 주시는 것이 아닙니다. 하나님의 언어는 소망성이 있습니다. 재앙 중에도 긍휼을 제시해 주시는 것이 바로 하나님의 언어였습니다(사 54:8, 합 3:2).

② 적극적인 언어

계 3:15절에서 라오디게아 교회에 하신 "네가 차든지 더웁든지"하라는 말씀은 언어 생활에도 적용할 수 있는 말씀입니다. 성도의 언어는 적극적이어야 합니다. 마가복음 11:23절에 예수님은 "그 말하는 것이 이룰 줄 믿고 마음에 의심치 아니하면 그대로 되리라."라는 말씀을 하셨습니다. 심지어 산을 향해 "바다로 옮겨 가라."라고 말하고 마음에 의심치 않으면 이루어진다는 것입니다. 이 말씀은 믿음을 강조하시는 말씀입니다. 즉 믿고 말하는 것은 이루어진다는 것입니다. 이 믿음의 언어가 바로 적극적인 언어입니다.

③ 긍정적인 언어(고후 1:18-20)

바울은 하나님의 약속은 얼마든지 그리스도 안에서 "예"가 되기 때문에 우리가 "아멘" 하여 하나님께 영광을 돌려야 한다고 합니다(고후 1:20). 그러므로 성도의 언어는 긍정적이어야 합니다. 부정적인 언어는 악한 자의 언어입니다.

④ 사랑성의 언어

허물을 덮어 주고 용서하는 언어, 상처받은 사람에게 따뜻한 위로의 말 한 마디가 천금보다 더 귀중한 것이 될 수 있습니다.

⑤ 칭찬성의 언어

바울 사도는 빌립보서 2:3절에서 아무 일에든지 자기보다 남을 낮게 여기라고 권면합니다. 남을 낮게 여기는 마음은 다른 사람에 대한 칭찬의 말로 나타납니다. 비방하고 험담하는 말은 그리스도인들이 해야 할 언어가 아닙니다. 상대의 약점이 보인다면 차라리 말하지 않는 것이 좋습니다.

⑥ 경건성, 신앙성 있는 언어

성도들은 일상 생활 현장에서도 경건한 용어와 표현들을 많이 사용해야 합니다. 예를 들어 주일을 일요일이라고 하는 것은 옳지 않습니다. 기독교적 의미가 담겨 있는 주일이라고 쓰는 것이 옳습니다.

⑦ 축복성의 언어

베드로전서 3:9절에서 하나님은 "악을 악으로, 욕을 욕으로 갚지 말고 도리어 복을 빌라 이를 위하여 너희가 부르심을 입었으니 이는 복을 유업으로 받게 하려 하심이라."라고 하였습니다. 우리가 부르심을 입은 것은 복을 빌기 위해서라는 것입니다. 성도는 축복이 담긴 언어를 사용해야 합니다.

3. 성도가 삼가야 할 언어는 무엇입니까?

① 부정적인 언어

할 수 없다. 안 된다. 못한다. 없다. 잃었다. 한계가 있다. 틀렸다…

② 저속한 욕설

저속한 욕설을 하지 말아야 합니다. 욕설은 저주받은 인간의 타락한 인간성을 드러내는 것입니다. 구원받은 성도가 저쪽에 있을 때 사용하던 저속하고 더러운 언어를 그대로 사용하는 것은 옳지 않습니다(마 5:22).

③ 남을 비난하고 판단하고 험담하는 언어

성경은 남을 판단하는 언어를 사용하지 말 것을 요구하고 있습니다(마 7:1-2; 눅 6:37; 롬 14:10). 구체적으로 남을 판단하는 언어는 다음과 같은 것들이 있습니다. 첫째, 비난입니다. 남의 잘못이나 흠에 대하여 부정적으로 말하는 것입니다. 둘째, 비판입니다. 남의 잘못이나 흠에 자신의 주관적 생각을 가미하여 결정적으로 판단하여 말하는 것입니다. 셋째, 험담입니다. 적극적으로 남의 흠을 찾아내어 말로 남을 깎아 내리기 위해 하는 말입니다. 넷째, 중상 모략입니다. 남의 좋지 못한 말을 만들어 그 사람의 명예를 손상시키는 꾀와 행위를 말합니다. 어디까지가 험담이고 어디까지가 험담이 아니냐를 구분하는 것은 내가 누군가에 대하여 이야기할 때 그 사람이 없는 곳에서 할 수 있는 이야기를 그가 있는 자리에서도 할 수 있으면 그것은 험담이 아닙니다. 그러나 남의 얘기를 하고 있는데 그가 나타났을 때 순간적으로 하던 이야기를 멈추었다면 그것은 그에 대한 험담을 하고 있던 것입니다. 그렇습니다. 언어 생활을 잘해야 신앙 생활을 잘할 수 있습니다. 성도는 그의 언어 생활에 있어서 기독교적이어야 합니다. 말 한마디에 그의 신앙과 믿음 그리고 주님을 향한 신뢰와 사랑이 담겨 있어야 합니다.

◈ **생각해 봅시다.**

1) 말에는 어떤 힘이 있습니까?
2) 성도들은 어떤 언어들을 써야 할까요?
3) 성도들이 삼가야 할 언어는 무엇입니까?

8주 / 봉사 생활을 잘해야 합니다.

베드로전서 4:11

어느 날 디오게네스가 길에서 미친 듯이 웃고 있었습니다. "무엇이 그렇게 웃기십니까?" 하고 지나가는 사람들이 물었습니다. "길 한가운데 뾰족이 내민 저 돌이 보입니까? 내가 아침부터 여기서 보고 있었는데 열 사람 정도가 저 돌에 걸려 넘어지면서 욕을 퍼부었습니다. 그러나 그 중 누구 한 사람 다른 사람이 걸려 넘어지지 않도록 돌을 치우려는 사람이 없었습니다." 라고 말하였습니다.

사람들은 자신에게 돌아오는 이득이 없는데 남을 위해 수고하기를 좋아하지 않습니다. 아마 옛날 디오게네스가 살던 시대나 지금이나 마찬가지일 것입니다. 법원에서 소년범들이나 가벼운 잘못을 행한 사람들을 감옥에 수감하여 벌을 주는 대신 사회봉사 명령을 내리는 제도를 만들어 실제로 그런 판결을 내리는 경우가 가끔 뉴스에 나옵니다. 그리고 학교에서 생활 기록부가 입시에 반영되고 특히 사회 봉사 경력이 있어야 좋은 점수를 딸 수 있기 때문에 학생들에게 사회 봉사를 하도록 하고 있습니다. 그렇게 해서 사회가 조금 밝아진다면 얼마나 좋겠습니까? 그러나 그런 식으로 봉사하게 한다는 뜻은 좋은 일이지만 봉사 자체가 강제력을 띤다거나 어떤 반대급부를 기대하고 하는 것은 사실은 봉사라고 보기 어렵습니다. 그러면 봉사는 과연 무엇일까요? 어떻게 하는 것을 보고 봉사라고 할까요?

1. 봉사의 의미

"봉사"란 헬라어로 디아코니아(διακονια)입니다. 종이 주인의 식탁에서 이런 저런 심부름을 하는 것을 나타내는 말입니다. 그래서 섬김의 의미가 담겨 있습니다. 영어 성경에서는 미니스트리(ministry)라고(엡 4:12) 표현하고 있는데 받들어 섬긴다는 뜻이 담겨 있는 말입니다.

① 대가없이 하는 수고가 봉사입니다.
봉사는 어떤 대가를 생각하는 것이 아닙니다. 순수하게 아무것도 바라지 않고 수고할 때가 봉사입니다. 만일 대가를 지불 받는다 할지라도 그것 이상으로 성실하면 봉사입니다.

② 다른 사람을 이롭게 할 목적으로 자신을 희생하는 것입니다.

③ 자원해서 기쁨으로 해야 봉사입니다(시 40:8).
억지로 하는 것은 봉사가 아닙니다. 같은 일을 해도 억지로 하는 것은 기쁨이 없습니다. 그러나 아무리 힘든 일이라도 자원하는 마음으로 하면 기쁨으로 노래 부르며 할 수 있습니다.
시편 40:8절에 보면 "나의 하나님이여 내가 주의 뜻 행하기를 즐기오니 주의 법이 나의 심중에 있나이다."라고 고백하였습니다. 그렇습니다. 주의 뜻 행하기를 즐긴 시편 기자처럼 자원해서 즐거운 마음으로 하는 것이 참된 봉사입니다.

2. 가장 위대한 봉사자
인류 역사상 가장 위대한 봉사자는 바로 예수 그리스도이십니다. 그는 하나님이라는 신분에서 낮고 천한 인생의 몸 입으시기를 마다하지 않으시고 인류 구원을 위해 이 땅에 오셔서 33년의 짧은 생애를 사셨지만 그가 인류에게 베푼 은혜와 사랑은 말로 표현할 수 없습니다.
수많은 죄인들이 그의 피 흘리신 봉사를 통해 죄 사함을 받아 천국에 들어갔으며, 낙심한 자들이 그의 위로로 힘을 얻고, 병든 자들이 질병의 고통에서 벗어났습니다.
가난한 자들이 힘을 얻고, 외롭고 고독한 자들이 그분의 도움으로 그것들을 극복하였습니다. 삶의 의미를 모르고 방황하는 사람들에게 인생의 삶의 의미와 방향을 알게 하여 보람 있는 생애가 되도록 인도하셨던 것입니다.

그분은 오늘도 살아 계셔서 인류를 위한 봉사를 하고 계십니다. 보혜사 성령을 보내시며, 우리의 기도에 귀를 기울이시며, 또 친히 성도들을 위해 간구하시고 계십니다. 그분의 생애는 온전히 봉사를 위한 생애였습니다. 하나님 아버지께 대한 철저한 순종과 헌신, 그리고 자기 백성들을 향한 무한한 사랑이 그의 봉사 정신이었습니다.

또한 그분의 이러한 봉사는 그분을 본받은 또 다른 수많은 봉사자를 만들어 냈습니다. 고아의 아버지 조지 뮬러와 같은 사람, 노벨상을 탔던 켈커타의 성녀 테레사 같은 사람들 말입니다.

3. 봉사를 위한 부르심

중요한 것은 성도들은 봉사를 위해 부르심을 받았다는 것입니다. 사도행전 1:25절에서 봉사하는 일을 사도의 직무로 표현하고 있습니다. 그리고 바울은 로마서 12:5절에서 섬기는 일인 봉사가 하나님의 은사임을 강조하고 있습니다. 그리고 자신이 그 봉사의 직으로 부름을 입어 예루살렘 교회를 섬겼는데 그것을 성도들이 본받아 주기를 희망하고 있습니다(롬 15:31).

4. 봉사의 일로 부르신 이유

에베소서 4:11-13절에서 우리를 부르신 목적을 분명히 말하고 있습니다. 우리로 봉사의 일을 하게 하여 그리스도의 몸을 세우고 온전케 하기 위해서라는 것입니다. 그리스도의 몸은 교회입니다.

성도는 주님의 몸된 교회를 온전케 하고 세워야 합니다. 바로 봉사의 일을 통해서입니다.

하나님은 그의 백성들 하나하나를 불러서 그리스도의 몸의 지체가 되게 하셨습니다. 그리고 지체된 우리들에게 그 몸을 돌보고 건강하게 해야 할 책임을 주신 것입니다.

그리스도의 몸을 세우는 것은 영혼들에게 복음을 전하여 구원받아 하나님의 자녀가 되게 하는 것입니다. 그러기에 봉사가 단지 가난한 자에게 돈 몇 푼 던져주는 구제와 선행으로 끝난다거나 병든 자에게 약을 주는 적선 정도에 머물러서는 안 됩니다. 하나님이 우리를 하나님의 봉사자(사 61:6)로 부르신 것은 죽은 영혼 구원하여 그리스도의 몸을 세우기 위함입니다.

그렇습니다. 주님은 마태복음 20:25-28절에서 구체적으로 섬기러 왔고 많은 사람들을 위해 자기 목숨을 대속물로 주기 위해 이 세상에 왔다고 말하고 있습니다. 봉사를 위해 오셔서 진정한 봉사자의 모습을 보여주신 예수님을 따라 모든 그리스도인들도 봉사의 삶을 살아야 합니다. 그것이 신앙 생활을 잘하는 것입니다.

◈ 생각해 봅시다.

1) 봉사라는 헬라어 디아코니아(διακονια)의 뜻은 무엇입니까?
2) 진정한 봉사는 무엇입니까?
3) 가장 위대한 봉사자는 누구입니까?
4) 봉사의 일로 성도를 부르신 이유는 무엇인가요?
5) 성도의 봉사 자세는 무엇입니까?

3월

헌금 생활을 잘해야 합니다.

전도를 열심히 해야 합니다.

신앙 양심을 지켜야 합니다.

청지기 정신을 가져야 합니다.

가정 예배를 드려야 합니다.

9주 / 헌금 생활을 잘해야 합니다.

고린도후서 9:1-8

성도는 하나님으로부터 만물을 관리하고 보존할 책임을 맡았기에 청지기입니다. 우리가 청지기로서 재물을 어떻게 관리하느냐 하는 것은 대단히 중요한 문제입니다. 재물의 사용에 따라 그 사람의 가치관을 측량할 수 있기에 헌금의 올바른 원리를 공부하게 되면 신앙 생활을 잘하는 데 도움이 됩니다.

1. 물질에 대한 우리의 관점에 대해 생각해 봅시다.

① 모든 것은 하나님의 것입니다.

신명기 10:14절에 보면 "하늘과 땅과 그 위의 만물은 본래 네 하나님 여호와께 속한 것"이라고 하였고, 학개 2:8절은 "은도 내 것이요 금도 내 것이니라"고 하였습니다. 세상의 모든 것이 다 하나님의 소유입니다.

② 사용자의 마음에 따라 죄악의 뿌리가 될 수 있습니다.

디모데전서 6:10절을 보면 "돈을 사랑함이 일만 악의 뿌리가 되나니"라고 하였습니다. 돈이 악한 것이 아니라 돈을 사랑하는 마음이 일만 악의 뿌리입니다.

③ 현재의 소유에 자족하는 훈련이 필요합니다.

물질을 우리의 필요를 위해 주신 것이지 축적을 위해 주신 것이 아닙니다 (눅 12:19). 그래서 자족하는 훈련이 필요합니다. 바울은 빌립보서 4:11-12절에서 어떤 형편에서든지 자족하기를 배웠습니다. 잠언 30:8절에서는

"나로 가난하게도 마옵시고 부하게도 마옵시고 오직 필요한 양식으로 내게 먹이시옵소서"라고 구하고 있습니다. 하루하루의 필요한 양식으로 자족하는 사람이 행복한 사람입니다.

④ 사용의 우선 순위를 하나님께 두어야 합니다.

성도가 물질을 사용할 때 우선 순위를 어떻게 하는가 하는 것은 대단히 중요합니다. 복음을 전파하고 가난한 자를 위해서 물질을 사용해야 합니다. 마태복음 6:33절에서 "너희는 먼저 그의 나라와 그의 의를 구하라. 그리하면 이 모든 것을 너희에게 더하시리라"라는 말씀은 기도할 때 뿐 아니라 성도의 삶의 모든 영역에서 적용되어지는 말씀입니다. 물질은 하나님의 영광을 위해서 쓰는 일에 최우선 순위를 두어야 합니다. 바울은 이렇게 권면합니다. "이 세대에 부한 자들을 명하여 마음을 높이지 말고 정함이 없는 재물에 소망을 두지 말고 오직 우리에게 모든 것을 후히 주사 누리게 하시는 하나님께 두며…나눠주기를 좋아하며…"(딤전 6:17-19).

2. 헌금의 근본 정신과 의미는 무엇입니까?

① 헌금은 신앙과 감사의 표현입니다.

헌금은 하나님께서 우리에게 주신 사랑과 은혜에 대한 신앙적인 응답 가운데 하나입니다. 그리고 "모든 것이 주께로 말미암았다"라고 하는 신앙 고백을 물질로 드리는 것이 헌금입니다(대상 29:14).

② 헌신의 표현입니다.

헌신이란 말이나 관념이나 생각으로만 이루어지는 것이 아니라 몸소 실천해야 하는 것입니다. 헌금은 그 실천의 한 가지 표현입니다. 따라서 성도들이 교회에 내는 헌금은 어떤 개인이나 기관에 내는 기부금이 아닙니다. 살아계신 하나님께 자신을 바치는 것으로서 헌신의 의미가 있는 것입니다.

3. 헌금의 원리는 무엇입니까?

① 마음에 정한 대로 드려야 합니다(고후 9:7).
헌금은 미리 준비해서 드려야 합니다. 준비없이 드리는 헌금은 억지가 되고 사람을 의식하기 쉽기 때문에 미리 준비하여 드려야 합니다.

② 힘껏 드려야 합니다(고후 8:3 ; 막 12:44,14:8).
마게도냐 성도들은 가난했지만 복음을 위해서 풍성한 연보를 했습니다. 고린도후서 8:3절에 보면 그들은 "저희가 힘대로 할 뿐 아니라 힘에 지나도록" 자원하여 하나님께 드렸습니다. 구차한 중에도 생활비 전부를 바쳤던 과부는 헌금의 액수가 많아서 칭찬을 받은 것이 아니라 최선을 다한 헌금이었기 때문입니다(막 12:44). 신명기 16:17절에는 "각 사람이 네 하나님 여호와의 주신 복을 따라 그 힘대로 물건을 드릴지니라"라고 하였습니다.

③ 자원하여 드려야 합니다(고후 9:7).
성경에서 하나님께 드리는 물질에 대하여 "자원하여…"라는 말을 강조하고 있습니다. 신명기 16:10절과 출애굽기 36:3에서 "자원하는 예물", 고린도후서 9:6-7에서는 "극한 가난에서도 힘에 지나도록 자원한 연보"라고 합니다. 헌금을 낼 때 "인색함으로나 억지"로 하지 말라고 했습니다. 그 이유는 즐겨 내는 자를 하나님은 사랑하시기 때문입니다.

4. 헌금의 종류에는 어떤 것이 있습니까?

① 십일조
우리의 모든 재산은 하나님의 소유입니다. 우리는 그 하나님의 소유를 맡아 관리하는 청지기에 불과합니다. 그런데 하나님은 우리에게 십분의 일은 의무적으로 요구하시고 나머지 아홉은 자신의 신앙에 따라 가장 선하고 합당하게 활용하도록 허락하셨습니다. 그러므로 십분의 일에 대해서는 우리에게 재량권을 주시지 않으시고 하나님께 바치도록 명하셨습니다(말3:10).

② 자원헌금
- 감사헌금: 하나님의 은혜에 대해 감사하여 드리는 헌금입니다.
- 예배헌금: 주일헌금, 집회헌금, 구역예배헌금
- 절기헌금: 부활절, 성령강림절, 맥추절, 추수감사절, 성탄절 등 교회의 절기에 따라 특별히 드리는 감사 헌금입니다.
- 목적헌금: 건축헌금, 선교헌금 등 당회가 교회의 부흥과 구제 또는 선교와 같은 어떤 목적을 가지고 결의하여 시행하는 헌금을 말합니다.

5. 바치라 하는 이유

하나님은 만물의 주인이십니다. 무엇이 부족하여서 성도들에게 헌금을 가져오라고 하는 것이 아닙니다. 그럼에도 불구하고 헌금을 요구하는 이유는 성도들에게 복을 주시기 위해서 물질을 드리라고 하신 것입니다.

6. 헌금이 쓰여지는 용도는 무엇입니까?

성도들의 헌금은 강단에서 담임목사가 하나님께 봉헌하고 축복기도를 합니다. 그리고 재정부가 수납하여 장부에 기재하고 담임목사에게 내용을 보고한 다음에 교회의 연 예산표에 의해서 지출됩니다. 지출되는 항목은 전도와 선교, 교역자들의 생활비, 교회의 운영과 시설 유지 관리비 등에 지출됩니다. 헌금은 하나님 나라 확장을 위해 사용하는 것으로 하나님이 귀히 보십니다.

◆ 생각해 봅시다.◆

1) 헌금의 의미와 근본정신은 무엇입니까 ?
2) 헌금에 있어서 가장 기본이 되는 헌금은?
3) 헌금의 원리 3가지를 말하세요.

10주 / 전도를 열심히 해야 합니다.

마가복음 16:15-16

하나님을 떠나 죄악으로 죽은 영혼들에게 하나님의 은혜의 약속을 전하여 믿게 하므로 영혼을 구원하는 일이 전도입니다. 주님은 이 땅에 계실 때 자기 백성의 구원에 대한 것 외에는 관심을 가지신 것이 없으셨습니다. 그 일을 위하여 주님은 이 땅에 오셨고 목숨을 버리셨으며 부활하셨습니다. 그리고 하늘로 승천하시면서 성도들에게 명령하신 것도 땅 끝까지 복음을 전하라는 것이었습니다. 우리는 이것을 주님의 마지막 지상 명령이라고 부릅니다. 그러므로 전도는 명령입니다. 우리가 주님을 따르는 성도라면 주님의 명령에 귀를 기울여야 할 것입니다. 전도는 자신이 그리스도인이 된 가장 확실한 증거입니다. 그러므로 전도를 하여야 합니다.

1. 전도 대상자 찾아야 합니다.

개인전도의 경우 효과적인 전도를 위해 먼저 누구를 전도할 것인가를 정해야 합니다. 왜냐하면 복음을 받아들일 가능성이 많은 사람을 찾는 일이 전도에 있어서 대단히 중요하기 때문입니다. 다음과 같은 사람들이 복음을 받아들일 가능성이 높다는 것을 참고하여 대상자를 정합시다.

1) 가족이나 가까운 친척, 이웃
2) 교회의 성도들과 어떤 관계를 가진 사람
3) 교회나 성도가 도와줄 수 있는 어떤 것을 필요로 하는 사람
4) 중요한 인생의 고비를 경험하는 사람
5) 일반 대중(상류층보다 서민)

2. 전도자의 기본 자세를 확립해야 합니다.

자신이 전도할 사람의 영혼을 사랑하고 불쌍히 여기는 마음과 그 영혼을 그리스도에게로 인도하겠다는 결심이 중요합니다. 그리고 어떤 장애물에도 낙심, 포기하지 않고 끝까지 전도할 수 있는 끈기 있는 열심과 그 영혼을 구원하는 일이라면 어떤 희생이나 대가라도 달게 치르겠다고 하는 헌신된 자세가 있어야 합니다.

3. 어떻게 전도할까요?

① 태신자 선정 전도 가능성이 있는 사람을 찾아서 명단을 작성하시고 대상자로 정하십시오. 이웃이나 평소에 친분이 있는 사람, 그리고 관계가 형성된 사람을 택하십시오.

② 기도 전도할 대상자를 위해 오늘부터 규칙적으로 기도하십시오. 성령이 그의 마음을 열지 않으면 아무도 열 사람이 없기 때문입니다. 전도는 영적인 싸움입니다. 사단은 자기의 백성을 놓치지 않기 위해 발악을 합니다. 영혼을 위해 기도하지 않고서는 영적 전투에서 승리할 수 없습니다(막 9:29).

③ 관계 형성 전도 대상자에게 사랑의 행동을 나타내십시오. 그래서 최대한 친해지고 마음을 나눌 수 있는 인간 관계가 형성되도록 하십시오.

④ 복음으로 접근 사람을 두려워 말고 담대하게 성령 안에서 행하십시오. 하나님께서 할 말을 주실 것입니다. 출애굽기 4:12절에 보면 입이 뻣뻣하다고 하는 모세에게 하나님은 "가라 내가 네 입과 함께 있어서 할 말을 가르치리라"라고 하였습니다. 그리고 예수님께서도 제자들에게 "마땅히 할 말을 성령이 가르쳐주시리라"고 누가복음 12:12절에서 말씀하셨습니다.

⑤ 결신 첫째, 적극적으로 결신으로 유도하십시오.(불쾌감을 줄 정도로

억지로는 마십시오) 둘째, 예수 믿겠다고 약속했으면 자신이 결신 카드를 기록하게 합니다. 셋째, 반드시 결신 기도를 함께 드립니다.

⑥ 인도
예수 믿기로 작정하고 결신 카드를 작성한 사람은 그 다음 주일 교회로 인도하여야 합니다. 그 주간에 몇 차례 전화나 방문을 통해 그의 결심이 흔들리지 않도록 도와주십시오.

4. 전도자 수칙

① 외모 옷차림은 검소하고 깨끗하게 하고 입 냄새가 나지 않도록 해야 합니다.

② 표정 항상 웃음으로 대하고 상대방에게 편안함을 주기 위해 노력하십시오.

③ 태도 말할 때는 상대방의 얼굴을 바라보며 해야 하고 억지를 쓰거나 상대를 비난하고 비하하는 태도를 취해서는 안 됩니다. 우리는 사람의 영혼을 얻고자 함이지 상대를 굴복시켜 승리감을 얻고자 하면 안 됩니다. 가장 겸손한 태도는 영혼을 얻는 지름길임을 잊지 마십시오.

④ 대화
- 우선 상대방의 말을 잘 들어주십시오.
- 자연스럽고 부드러운 목소리로 해야 합니다.
- 이야기 중에 그를 곤란하게 하거나 난처하게 만들지 마십시오.
- 설교나 훈계하는 투의 말을 피하십시오.
- 토론이나 논쟁을 피하십시오.
- 불필요한 정치 얘기나 잡담을 삼가하십시요.

- 공포를 주거나 위협적인 말을 삼가하십시오.
- 복음의 적극적인 면을 강조하십시오. 전도에 있어서 복음의 핵심을 전하는 일을 무엇보다도 중요합니다. 복음의 핵심이란 사람의 죄, 죄의 결과 그리고 죄를 해결하는 방법 등을 말하는 것입니다. 그러기 위해서는 복음의 핵심을 요약하고 정리하여 내용을 외우고 있어야 합니다. 이 때 사영리 같은 소책자를 사용하여 설명하는 것도 좋은 방법입니다.
- 효과적인 간증을 사용하십시오. 간증은 짧으면서도 복음의 뜻을 함축하고 있어야 합니다. 간증할 때는 예수 믿기 전의 상태, 예수를 믿게 된 동기, 믿은 후 변화된 생활을 솔직하게 말하면 됩니다.

⑤ 결과 전도의 열매는 전적으로 하나님께서 거두십니다. 우리는 열심히 최선을 다해 씨를 뿌릴 뿐입니다. 당장에 전도의 열매가 없다고 해서 낙심하지 마십시오. 그리고 태신자를 오늘 당장 결신 시키지 못했다 해도 그를 포기하지 마십시오. 언제 어떤 상황에서 하나님이 그를 불러낼지 우리는 모르기 때문입니다. 전도는 주님의 마지막 유언입니다. "땅 끝까지 이르러 증인이 되라"고 하셨습니다. 바울은 "때를 얻든지 못 얻든지 복음을 전파하라"고 말했습니다. 그렇습니다. 구원받은 성도는 복음을 전파해야 합니다. 왜냐면 그리스도의 생명이 그 속에 있기 때문입니다.

◈ 생각해 봅시다.

1) 전도란 무엇입니까?
2) 당신은 금년에 전도할 대상자가 있습니까?
3) 그를 주님 앞으로 데려오기 위해 어떤 시도를 해보았습니까?
4) 전도하는 것과 사람을 교회로 데려오는 것은 무슨 차이가 있습니까?

11주 / 신앙 양심을 지켜야 합니다.

로마서 2:14-15

사람이 도덕적으로나 윤리적으로 어떤 잘못을 범하였을 때 자신도 모르는 사이에 가슴이 뛰고 혈압이 올라갑니다. 그리고 마음이 불안해지고 두려워하게 되며 심리적으로 심한 갈등을 겪게 됩니다. 이 같은 현상은 사람의 내부에서 악에 대하여 어떤 거부 반응을 일으키는 그 무엇이 있다는 증거입니다.

우리는 이러한 심리적인 현상을 양심이라고 말합니다. 사람은 누구나 양심을 가지고 있습니다. 이것은 교육이나 어떤 특별한 방법으로 습득되어진 것이 아니고 인간이면 태어날 때부터 가지고 있는 본성인 것입니다.

1. 양심이란 무엇인가?

심리학에서는 양심이란 인간이 가지고 있는 생각의 여과장치이며 인간 행위의 도덕적 판단기준 그리고 자신의 언행 심사를 검토하는 내적 비판이라고 정의를 합니다.

2. 성경이 말하는 양심

양심이란 하나님께서 인간을 창조하실 때 인간의 내부에 주신 것입니다. 그렇다면 성경이 말하는 양심은 무엇일까요?

① 하나님을 알 만한 것입니다.

성경은 인간에게 "하나님을 알 만한 것"(롬 1:19)이 속에 있다고 하였습니다. 이것이 바로 양심입니다. 도덕과 윤리의식을 갖고 인간의 행동을 규제하지만 결국 양심이란 하나님을 아는 능력을 말합니다. 그래서 사람의 양심은 끊임없이 하나님을 찾고 있으며 이것에 반대되는 인간의 행위가 나타날 때 거부 반응을 일으키는 것입니다. 사도 베드로는 우리가 그리스도를 믿고 세례를 받는 것은 "양심이 하나님을 향하여 찾아가는 것"이라고 말하고 있습니다(벧전 3:21).

② 하나님의 뜻과 말씀에 반응하는 기능입니다.

성경은 사람의 양심이 하나님의 목소리 자체가 아니라는 것을 암시해 줍니다. 왜냐하면 인간의 마음 자체가 심히 부패하고 더러워져서 하나님의 목소리가 될 수 없기 때문입니다. 구약성경에서는 양심에 대해 마음이라는 표현을 쓰고 있는데 다윗은 사울의 옷자락을 벤 후 그가 하나님의 기름 부음 받은 자라는 사실 때문에 양심의 가책을 "마음이 찔려"(삼상 24:5)라고 표현하고 있습니다. 하나님의 뜻과 말씀에 찔림을 받을 수 있는 기능, 그것이 양심입니다. 불신자들에게는 그 사회의 윤리적, 도덕적인 가치관에 따라 양심이 반응함으로써 결과적으로 하나님의 뜻에 따르고자 하는 것이 양심입니다.

3. 양심의 종류

성경에는 사람의 양심에 대한 언급에 있어서 여러 종류의 양심을 열거합니다.

① 범죄한 양심

양심(良心)이란 어질고 아름다운 마음이라는 의미를 가졌지만 사람의 마음이 언제나 그렇게 어질고 착하지만은 않다는 것에 문제가 있습니다. 어떤 사람은 사람을 죽이고도 자신은 정당한 일을 하였다고 주장합니다. 또 우상이나 돼지머리 같은 것에 절하고 섬기면서 양심의 거리낌이나 부끄러움을 전혀 느끼지 않습니다. 그러한 양심은 분명 무엇인가 잘못된 양심입니다. 하나님의 뜻을 올바로 반영하지 않는 양심인 것입니다. 왜냐하면 인간의 양심은 죄로 인해 그 기능을 상당부분 상실하였기 때문입니다. 성경은 인간의 범죄한 양심을 다음과 같이 표현하고 있습니다.

- 굳어졌습니다(엡 4:18).
- 어두워졌습니다(롬 1:21).
- 가책을 받습니다(요 8:9).
- 약해졌습니다(고전 8:7).
- 더러워졌습니다(딛 1:15).
- 화인 맞았습니다(딤전 4:2).

이러한 양심을 가지고는 하나님을 알 수 없으며 찾을 수도 없습니다. 그리스도인으로서 이러한 양심을 갖게 되면 버림받음을 의미합니다. 그래서 양심의 회복이 필요합니다. 그러면 양심 회복은 어떻게 이루어집니까?

② 양심 회복의 길
성도들이 범죄한 양심에 머물러 있어서는 안 됩니다. 신앙 양심으로 회복되어져야 합니다. 성령의 은혜가 아니면 마음이 완악하게 되어집니다. 그러나 하나님이 은혜를 베풀면 양심이 하나님께로 돌아오기 때문에 말씀을 들을 때에 회개가 일어납니다. 사도행전 2:37절에 의하면 사도들이 말씀을 전할 때 사람들이 양심에 찔려 "어찌할꼬!" 하며 회개하였습니다. 회개란 하나님의 말씀을 들을 때 양심에 찔림이 되어 자신의 죄를 고백하고 고치는 것입니다. 그러므로 하나님의 말씀을 날마다 묵상하고 자신의 행위를 말씀에 비춰보며 날마다 기도를 통하여 성령의 은혜를 사모해야 합니다. 성령은 말씀과 기도를 통하여 신앙 양심으로 회복되게 하십니다.

③ 회복되어진 양심
말씀과 기도로 회복되어진 양심은 신앙 양심입니다. 즉 하나님의 백성으로 거듭난 양심을 소유하게 되는 것입니다. 신앙 양심은 다음과 같습니다.

깨끗합니다(딤전 3:9 ; 딤후 1:3).
그리스도의 구속의 은총을 입어 죄 사함을 받은 양심이 깨끗해진 양심입니다. 자기를 속이지 않을 뿐 아니라 성령을 속이지 않습니다. 성령의 음성에 민감하게 반응합니다.

선합니다(벧전 3:16 ; 딤전 1:5).

선한 행실을 갖게 하는 양심입니다. 회복되어진 양심은 선한 일을 하게 합니다. 이것은 사람에게는 덕을 끼치고 하나님께는 영광을 돌리는 양심입니다. 세상 사람들의 양심은 이미 죄로 오염되어 그 기준이 없습니다. 그러나 성도의 양심은 하나님의 말씀이 기준입니다. 성령은 그 기준대로 살 수 있도록 오늘도 우리를 지도하고 돕고 계십니다. 그러므로 적어도 성도는 세상 사람들보다 윤리적으로나 도덕적으로 더 양심적이어야 합니다. 이것이 하나님의 뜻입니다.

◈ 생각해 봅시다.

1) 양심은 언제나 하나님의 목소리를 대변합니까?

2) 그 이유는 무엇 때문입니까?

3) 범죄한 양심의 모습은 어떻습니까?

4) 성도가 가져야 할 양심은 어떤 양심입니까?

5) 양심은 무엇과 무엇으로 회복될 수 있습니까?

6) 회복되어진 양심은 어떤 양심이라고 부릅니까?

7) 회복되어진 신앙 양심의 모습은 어떻습니까?

12주 / 청지기 정신을 가져야 합니다.

로마서 12:11

사람이 세상에 태어날 때 아무것도 가지지 않고 나옵니다. 실로 빈주먹 쥐고 알몸으로 태어납니다. 그런데 하나님은 우리들에게 많은 것을 주셨습니다. 따뜻한 가정이 있고 사랑하는 가족들이 있습니다. 하루하루 배고프지 않게 먹을 양식이 있고 삶의 보람을 느낄 수 있는 일터가 있습니다. 사실 우리가 빈손으로 태어났다는 사실만 생각하면 우리가 지금 누리고 있는 이 삶은 과분하기 짝이 없는 것입니다. 그러므로 우리는 불평보다는 감사함으로 살아야 하겠습니다. 아무것도 가진 것이 없이 태어난 우리들에게 한 끼 양식 걱정하지 않을 만큼의 소유를 주신 것만도 큰 은혜가 아닐 수 없는 것입니다. 하루 200g의 양식도 제대로 먹을 수 없는 형편에 처해 있는 북한의 형제들이 있다는 사실 앞에서 우리는 청지기 정신을 배우고 실천해야 하겠습니다.

1. 청지기란 ?

청지기란 "오이코노모스"라는 헬라어에서 나온 말입니다. 주인으로부터 신임을 얻어 집안의 경영을 위탁받아 돌보는 하인을 일컬을 때에 쓰는 말입니다. 일꾼으로 번역되기도 하고 교회의 직분인 집사로 번역되기도 합니다. 그리고 이 말은 베드로전서 4:7-10절에서 모든 그리스도인들에게 다 적용되어집니다.

만물의 마지막이 가까운 이 때에 모든 성도들에게 선한 청지기같이 봉사하라고 말씀하고 있습니다. 그러므로 성도들은 다 하나님의 청지기입니다. 그러므로 청지기란 다음과 같이 정리할 수 있습니다.

1) 일꾼입니다.

청지기는 주인의 일꾼입니다. 주인을 대신하여 일을 합니다. 힘들고 어렵고 위험한 일을 청지기가 합니다. 그래서 청지기는 일을 위해서 존재합니다. 일꾼은 자기 멋대로 일하지 않습니다. 그 일거리를 맡기신 주인의 의도와 생각대로 움직이고 일하는 것입니다. 마찬가지로 성도들은 하나님의 일을 맡은 자들입니다. 그래서 하나님의 일꾼이라고 합니다. 성도가 하나님의 일을 하기 위해서는 하나님의 설계도대로 살아가야 합니다. 주님의 뜻과는 전혀 상관없이 움직이는 사람은 하나님의 청지기가 아닙니다.

2) 맡은 자입니다.

① 하나님의 소유를 맡았습니다.

우리의 모든 것이 본래 우리의 것이 아닙니다. 나의 생명이나 물질이나 가진 모든 것의 주인은 하나님이십니다. 다만 하나님이 우리들에게 잠시 맡겨 주신 것입니다. 그러므로 스스로 주인의식을 버려야 합니다. 하나님의 것을 맡아 관리한다는 의식을 소유해야 합니다.

② 주인의 일을 맡았습니다.

성도는 주인되신 하나님의 일을 맡았습니다. 무엇이 하나님의 일일까요?
- 주를 믿는 일이 하나님의 일입니다(요 6:29).
- 하나님의 찬송을 부르는 것입니다(사 43:21).
- 하나님의 영광을 드러내는 것입니다(고전 6:20).
- 주님을 위한 봉사가 하나님의 일입니다(사 61:6).
- 영혼 구원이 하나님의 일입니다(막 16:15).

3) 봉사자입니다.

청지기는 대가를 바라고 일하지 않습니다. 그저 주인을 위해 일합니다. 그래서 봉사자라는 말을 쓰고 있습니다(사 61:6).

대가만 보고 일하는 일꾼은 삯꾼입니다. 일을 보고 일하는 사람은 대가에 연연하지 않고 최선을 다해 부지런히 일합니다. 그러나 삯을 보고 일하는 사람들은 최선을 다하지 않습니다. 감사할 줄도 모르고 정당한 대가가 주어져도 불평합니다. 하나님은 봉사자를 찾고 계십니다. 하나님의 봉사자가 됩시다.

3. 청지기 정신이란 무엇입니까?

- 청지기 정신은 겸손입니다(눅 17:10). 청지기는 땀흘려 수고한 후에 주어지는 칭찬이 있을지라도 기꺼이 영광을 주인에게 돌리며 자신은 할 일을 했을 뿐이라고 고백합니다.
- 청지기 정신은 섬김입니다(롬 12:11).
- 청지기 정신은 부지런함입니다(롬 12:11).
- 청지기 정신은 순종입니다(신 30:20).
- 청지기 정신은 사랑입니다(신 6:5).
- 청지기 정신은 믿음입니다(롬 4:19-20).
- 청지기 정신은 희생입니다(시 118:27). 희생은 피 흘림을 말합니다. 범죄자를 대신하여 죽임을 당한 짐승의 희생과 같이 청지기는 주님을 위해 희생하는 정신을 가져야 합니다.

4. 충성한 청지기에게 주시는 보상(복)은 무엇입니까?

우리가 하나님의 청지기로서 최선을 다했을 때 주님께서 주시는 은혜가 있습니다. 어떤 은혜일까요?
- 주님께 인정(신임)을 받습니다(요 12:26).
- 칭찬이 있습니다(롬 14:18).
- 상급이 있습니다(대하 15:7).
- 백배의 보상이 있습니다(막 10:30). 주님을 위해서 수고하고 피와 땀을 흘린 하나님의 신실한 청지기들에게 주시는 보상은 품삯 차원이 아닙니

다. 우리가 일한 것의 백 배를 주시는 것은 품삯이 아니라 은혜인 것입니다.

◆ **생각해 봅시다.**

1) 청지기란 무슨 말입니까?
2) 하나님의 청지기로서 시간과 물질, 기회들을 어떻게 씁니까?
3) 성경에 나오는 모범적인 청지기를 예로 든다면 누구를 꼽을 수 있습니까?
4) 청지기의 정신은 무엇입니까?
5) 청지기가 받는 상은 무엇입니까?

13주 / 가정 예배를 드려야 합니다.

시편 128:1-6

우리가 제대로 신앙 생활을 하려면 가정 예배로부터 시작하여야 합니다. 청교도 신학자로 유명한 리차드 백스터(Richard Baxter) 목사는 교회에 취임 후, 제일 먼저 교인들에게 가정 예배를 드리도록 힘써 가르쳤다고 합니다. 그리고 영국의 대설교가 스펄전(Spurgeon) 목사는 "가정 예배를 드리지 않는 자에겐 화가 있다."라고까지 했습니다.

1. 가정 예배의 중요성

① 자녀들의 신앙 교육에 유익합니다.

미국의 조사 기관에서 어린아이 시절부터 성인이 되기까지 깨어 있는 105,000시간 가운데 주일학교에서 보내는 시간은 단지 1,000시간에 지나지 않으며 학교에서 보내는 시간은 7,000시간 그리고 가정에서 보내는 시간은 97,000시간이라고 통계를 내었습니다. 백분율로 따지면 주일학교에서 보내는 시간은 1%도 안되는 시간이라는 것입니다. 학교에서 보내는 시간은 7%가 되고 그 외 92%가 가정에서 보낸다는 것입니다. 그러면서 가정에서 왜 신앙교육을 시키지 않는가라고 반문하고 있습니다. 그러므로 자녀들을 신앙으로 올바로 키우려면 가정 예배를 드려야 합니다(딤후 1:5).

② 하나님이 함께하시기 때문입니다.

물론 하나님은 언제나 우리들과 함께하시지만 식구들이 둘러앉아 찬송을 부르며 기도하며 하나님의 말씀을 보는 순간 그 자리에 특별히 함께하실 것입니다. 창세기 12-13장을 보면 아브라함은 하나님께 제단 쌓는 일을 중요하게 생각하였습니다. 그리고 어디를 가든지 장막을 치고 하나님께 제단을 쌓는 일을 잊지 않았습니다. 가정 예배는 바로 가정 제단을 쌓는 것입니다. 분명히 아브라함에게 함께하셨던 것처럼 가정 예배 드리는 가정에 특별히 함께하실 것입니다.

③ 가족간의 화목을 위해서입니다.

서로 미워하거나 불화한 일이 있더라도 가정 예배만 드릴 수 있다면 오해는 풀어지고 서로 용서와 화합이 이루어질 것입니다. 시편 128:3절의 "내실에 있는 아내", "상에 둘러 앉은 자식"은 가정 예배로 화목하게 되어진 모범적인 가정의 모습입니다.

④ 하나님의 축복이 가정에 임하는 시간이기 때문입니다.
- 구원의 복이 임합니다(히 11:7).
- 성령의 충만이 임합니다(행 10:44-45).
- 집을 세우시는 복이 임합니다(시 127:1).
- 수고한 대로 얻는 복이 임합니다(시 128:1-2).
- 영육간에 기쁨이 임합니다(행 16:34).

⑤ 가정의 비전을 위해서입니다.

가정 예배는 가정의 비전을 심어 줄 수 있는 좋은 기회입니다. 가족 공동체의 꿈이나 개인의 기도제목을 함께 나누며 가족을 위하여 기도할 때 비전이 있는 가정이 될 것입니다. 가정 예배를 통하여 믿음의 꿈나무를 심읍시다. 그리고 꾸준히 기도와 찬송의 물과 말씀의 양분으로 가꾸어 가는 가정은 정말 행복한 열매를 거두게 될 것입니다.

2. 가정 예배의 구체적인 방법과 주의사항

① 원칙적으로 아버지가 인도하는 것이 좋습니다. 그렇지 않을 때는 어머니가 하든지 성장한 자녀로 하여금 인도하게 하여도 좋을 것입니다.

② 성경을 교과서로 하되 가정 예배 교재를 마련하여 사용하면 효과적입니다.(시중 서점에 많음)

③ 형편이 되면 매일같이 드리면 좋으나 그렇지 못할 때는 최소한 일주일에 한 번 이상은 드리십시오.

④ 날짜와 시간과 장소(방 또는 거실)를 정하여 미리 알려 준비케 한 다음 약속한 시간에 시행하십시오. 이 때 식구가 다 모이지 못했어도 시행하는 것이 좋습니다.

⑤ 예배에 방해가 될 수 있는 것들을 제거하고 시작하십시오.

⑥ 허락되면 한 달에 한 번 정도는 야외나 특별한 장소를 선택하여 드리십시오.

⑦ 피아노나 올갠, 키보드와 같은 악기가 있으면 반주하며 드리십시오.

⑧ 사회, 성경 봉독, 설교, 기도 등 가족 모두가 함께 참여할 수 있도록 순서를 짜서 하십시오.

⑨ 가족의 신앙을 급성장시키려고 서두르지 마십시오.

⑩ 모두가 참여할 수 없다고 포기하지 말고 우선 참여할 수 있는 식구들끼리 시작하고 점차 참여하도록 하십시오.

⑪ 전체 소요시간은 약 20분 정도가 적당합니다.

⑫ 의식적이거나 습관화되지 않도록 성령께 의탁하십시오.

⑬ 예배시에 헌금을 하십시오. 아주 작은 액수라도 헌금을 하십시오. 모았다가 구제나 선교를 위한 헌금으로 사용하십시오.

3. 가정 예배 순서

순서는 특별한 격식은 없으나 다음과 같이 하십시오. 어떤 순서는 생략해도 됩니다.

a. 찬송
b. 신앙고백
c. 성경봉독
d. 말씀
e. 헌금
f. 가장이 식구들을 위해 복을 비는 기도
g. 가족 광고 사항
h. 찬송
i. 주기도문

가정 예배는 신앙의 생활화를 통해 영적 성장뿐만 아니라 가정의 화목과 자녀들에게 신앙 유산으로써 풍성한 축복을 누리게 할 것입니다. 그러므로 가정 예배를 실천합시다.

◈ 생각해 봅시다.

1) 가정 예배를 드리면 유익한 것은 무엇인가요?

4월

가정이 행복해야 합니다.
자녀를 영적으로 키워야 합니다.
말씀을 실천해야 합니다.
모이기를 힘써야 합니다.
기도 생활을 잘해야 합니다.

14주 / 가정이 행복해야 합니다.

시편 128:1-6

가정은 행복해야 합니다. 왜냐하면 하나님이 그렇게 창조하셨기 때문입니다. 불행한 것은 하나님의 뜻이 아니고 정상적인 것이 아닙니다. 그러나 중요한 것은 행복은 물질이나 세상적인 기준으로 생각해서는 안 된다는 것입니다. 롯데그룹이 30-40대 기혼 남성사원 1백84명을 대상으로 실시한 설문조사 결과를 보면 행복한 삶의 가장 큰 조건으로 "가정의 화목"(59%)을 꼽았습니다. 그리고 현재 행복하냐는 질문에는 11%는 아주 행복하다고 했고 65%는 행복한 편이다라고 대답했다는 것입니다. 그렇다면 우리의 가정들은 어떻습니까?

하나님은 우리를 행복한 존재로 만드셨습니다(창 5:2). 그리고 행복하기를 바라십니다. 그렇다면 정말로 하나님이 주시는 행복이 우리의 가정에 있기 위해서는 어떻게 해야 할까요? 가정 문제 전문가인 송길원 교수가 말하는 행복한 가정 만들기를 위한 결혼 십계명을 중심해서 생각해 보겠습니다.

① 결혼 생활의 목표를 가져야 합니다.

아무것도 겨냥하지 않으면 아무것도 명중시킬 수 없다는 말이 있습니다. 결혼 생활도 마찬가지입니다. 그냥 "결혼한 사람"이 되기 위해 결혼한 가정은 행복할 수 없습니다. 그래서 성경은 말합니다. "달음질하기를 향방 없는 것같이 아니하고 싸우기를 허공을 치는 것같이 아니하여(고전 9:26)"라고 말입니다. 좋은 목표란 서로를 "지지"해 주고, "치유"하며, 상호 "성장"해가는 데 있습니다.

② 한 눈은 감으십시오.

결혼 전에는 두 눈을 뜨고 열심히 찾아야 합니다. 그러나 일단 결혼 후에는 상대방의 장점에만 눈을 뜨고 단점에는 눈을 감아야 합니다(눅 6:41 ; 마 7:3 ; 빌 2:3). 윙크의 참된 뜻이 여기 있는 것입니다. 장점을 보는 눈은 뜨고 단점이 보이는 눈은 감는 것이 윙크 하는 것입니다.

③ 다른 사람과 비교하거나 비밀을 가지면 안 됩니다.

비교 당하면 비참해지고 비밀은 비극을 잉태합니다. 악마가 제일 사용하기 좋아하는 것은 비교 의식을 심는 것입니다. 어떤 경우에도 배우자를 다른 사람과 비교해서는 안 됩니다(고후 10:12). "벌거벗었으나 부끄러워 아니하는"(창 2:25) 사이가 되어야 합니다.

④ 화를 품은 채 잠자리에 들지 마십시오.

화가 날 때는 화를 내기보다 화가 난다고 이야기를 하는 것이 지혜로운 사람입니다. 사람은 감정을 가지고 있기 때문에 분을 낼 수는 있습니다. 그러나 성경에 보면 해가 지기 전에 그것을 처리해야 한다고 말합니다(엡 4:26).

경기에도 타임 아웃이 있듯이 화를 품을 수 있는 타임 아웃은 해지기 전까지라는 사실을 잊지 마십시오. 화를 품고 며칠씩 냉전하는 것은 사단에게 아주 좋은 훼방거리를 주는 것입니다. 자기 마음을 다스리는 자는 용사보다 더 용감하고 낫다고 했습니다(잠 16:32).

⑤ 마주보지 말고 같은 방향을 바라보십시오.

부부는 마주보는 관계가 아니라 함께 서서 같은 방향을 바라보고 손잡고 걸어가는 관계입니다. 결혼하여 수십 년 살다보면 앞에서 보면 "실망", 옆에서 보면 "낙망", 뒤에서 보면 "절망"이란 말이 있습니다.

서로가 서로를 마주보게 되면 충돌 밖에 없는 것입니다. 성경은 "만물이 주에게서 나오고 주로 말미암고 주에게로 돌아감이라"(롬 11:36) 라고 했습니다. 그러므로 항상 그리스도를 향해 초점을 맞추고 함께 걸어가십시오. 바로 거기에 "하나 됨"의 비밀이 있습니다.

⑥ 돈을 사용하는 데 하나가 되어야 합니다.

돈은 애정의 척도이며 인격의 잣대입니다. 나아가 신뢰의 상징이 되기도 합니다. "여간 채소를 먹으며 서로 사랑하는 것이 살진 소를 먹으며 서로 미워하는 것"(잠 15:17)보다 낫다고 성경은 말하고 있습니다. 그러므로 행복은 물질에 있지 않습니다. 배부름과 배고픔에 일체의 비결(빌 4:12)을 갖는 부부가 가장 풍요한 부부라고 할 수 있습니다.

⑦ 입술의 30초가 가슴의 30년이 됩니다.

"말 한마디가 사람을 죽이기도 하고 살리기도 합니다. 온량한 혀는 곧 생명나무라도 패려한 혀는 마음을 상하게 하느니라"(잠 15:4) 라고 했습니다. 그러므로 혀를 재갈 물리고 입술에 파수꾼을 세워 복되고 아름다운 말을 하기에 힘써야 하겠습니다. 따뜻한 말 한마디가 가정의 행복을 가꿉니다.

⑧ 침실의 기쁨을 잘 유지하기 위해 노력해야 합니다.

부부 문제는 성격 차이를 빼놓고는 대부분 성적인 것이라고 합니다. 때문에 "성(性)격 차"인지 "성(姓)격 차" 인지 구별짓기 매우 어렵다고 합니다. 나아가 bed time이 bad time이 되게 해서는 안 됩니다. 침소를 더럽히지 말아야 할 뿐 아니라 취한 아내를 즐거워해야 합니다(잠 5:15-20).

⑨ 서로를 격려하고 신바람나게 하십시오.

배우자를 격려하고 위로하고 그래서 신바람나게 해야 하며 삶에 의욕을 심어주어야 합니다(신 24:5). 서로를 만난 것이 축복이도록 해야 합니다. 격려는 놀라운 사랑의 묘약입니다.

⑩ 기도로 하루를 열고 기도로 하루를 닫으십시오.

기도는 행복의 창고를 여는 열쇠와 같습니다. 그리고 호흡입니다. 기도(祈

禱)는 곧 기도(氣道)인 것입니다. 아침에 일어나면서 부부가 함께 기도하고 저녁에 잠자리에 들면서 기도할 수 있다면 기도는 당신의 가정의 행복을 여는 열쇠가 될 것입니다.

그렇습니다. 가정이 행복해야 신앙 생활도 잘할 수 있습니다. 그러므로 부부를 중심한 가족 관계가 행복해질 수 있도록 서로 힘쓰고 노력하여 행복한 가정들이 되시기를 바랍니다.

◈ **생각해 봅시다.**

1) 가정이 행복해야 하는 이유는 무엇입니까?
2) 당신의 가정은 행복합니까?
3) 아니라면 그 이유가 어디에 있습니까? 그리고 해결책은 무엇일까요?

15주 / 자녀를 영적으로 키웁시다.

시편 127:1-5

하나님이 아담 한 사람만 만드신 것이 아니라 그의 갈비뼈를 취하여 하와를 만들어 둘이 함께 살게 하신 것에는 중요한 뜻이 있습니다. 하나님이 보실 때 독처하는 것이 보시기에 좋지 않게 보였기 때문입니다. 둘이 함께 살고 자녀가 태어나 가족을 이루어 함께 사는 것, 그것을 하나님은 좋게 생각하십니다. 그래서 신앙적으로 가정의 존재 목적은 하나님을 기쁘시게 하는 데 있습니다. 신앙의 가정에서 자녀들이 영적으로 잘못되면 결코 하나님의 영광이 될 수 없습니다. 가정의 달에 자녀들을 신앙으로 바로 키우고 있는지 생각하는 기회가 되어야겠습니다.

1. 그리스도인 부모의 자녀에 대한 기본적 이해

① 자녀는 나의 소유물이 아닙니다.

비록 내가 낳은 자녀지만 나의 소유가 아닙니다. 하나님의 백성입니다. 그러기에 주시는 것도, 데려가는 것도 주님 뜻에 달려 있는 것입니다.

② 자녀는 여호와의 주신 기업입니다(시 127:3).

자녀는 각각 하나님께 속하여 있으며 부모는 그들의 양육을 하나님으로부터 위탁받은 청지기일 뿐입니다.

③ 자녀는 하나님의 상급입니다(시 127:3).

자녀는 하나님이 은혜로 주신 선물이며 상급이기 때문에 그것에 대한 감사와 사랑이 자녀 양육의 동기가 되어야 합니다.

④ 자녀는 미래를 쏘는 화살입니다(시 127:4).

자녀를 어떻게 양육할 것인가 하는 것은 화살을 어떻게 쏠 것인가를 결정
해야 하는 것과 같습니다. 장사의 수중의 화살은 쏘는 자의 조준에 따라 날
아갈 수 있습니다. 시간이 흐르면 우리의 세대는 가고 다음 세대가 이 세상
의 주역이 될 것입니다. 이들 세대는 앞서간 세대가 보여주고 남겨준 것을
토대로 하여 살아가게 되는 것입니다. 그러므로 자녀를 어떻게 양육할 것인
가 하는 문제는 화살을 어떻게 어디로 쏠 것인가 하는 문제와 같은 것입니다.

2. 자녀 교육의 실제적 방법

① 말씀으로 교양하고 훈계하시오.(엡 6:4 ; 잠 22:6)

교양은 자녀들을 영적으로 건강하게 자라도록 말씀의 양분을 먹이는 것을
의미합니다. 그리고 훈계는 자녀가 영적인 병에 걸렸을 때에 치료하기 위해
서 성경 말씀으로 가르치는 것을 의미합니다.

② 어렸을 때부터 소망을 주님께 두도록 하십시오.

"세 살 적 버릇이 여든 간다"는 옛 속담은 신앙에도 적용할 수가 있습니다.
모세는 어머니 젖 먹는 기간 외에 히브리 민족의 신앙 교육을 받을 기회가
없었습니다. 그럼에도 그의 유아시절 어머니의 품에서 교육받은 히브리 민
족이라는 신앙교육이 평생을 지배하였습니다(출 2:9-12).

③ 모든 일에 부모 자신이 모범이 되어야 합니다.

우리말에 도둑질하는 사람도 자기 자식에게는 절대로 도둑놈이 되어서는
안 된다고 가르친다고 합니다. 그러나 그것은 부모의 소원일 뿐입니다. 실제
로 자녀는 그 부모의 모든 영향을 받으며 자라는 것입니다. 그러므로 부모의
도덕 기준을 분명히 제시하여야 합니다. 이를테면 겸손, 진실, 신앙, 기도, 예

배에 대한 태도, 말씀 실천, 부지런함 등입니다.

④ 잘한 일은 인정하고 칭찬을 아끼지 마십시오.

예수님도 잘한 종에게는 칭찬과 상급을 아끼지 않으셨습니다(마 25:21). 칭찬은 아이가 자라는데 어떤 보약보다도 더 좋은 보약입니다.

⑤ 독립적인 지체로 키우는데 두려워하지 마십시오.

모든 일을 언제나 부모가 다 해주지 말고 어려운 일도 혼자 해낼 수 있도록 격려하고 용기를 주십시오. 왜냐면 언젠가는 부모를 떠나서 혼자 되어야 하는 때가 오기 때문입니다.

⑥ 다른 아이들과 비교하지 마십시오.

특히 자신의 아이가 가지고 있는 약점에 대해 다른 아이와 비교하여 꾸중하지 마십시오. 부모나 부부, 형제, 자녀들은 비교의 대상이 아니고 인정과 사랑의 대상입니다.

⑦ 모든 삶의 환경을 교육의 기회로 삼으십시오.

가난, 질병, 결손가족, 재능이 없는 것, 공부를 못하는 것 이런 것들은 부끄러운 것이 아닙니다. 있는 그대로 인정하고 그 속에서 인간다운 삶 즉, 하나님이 기뻐하는 삶이 무엇인지를 가르치는 것이 참 교육입니다.

⑧ 사랑 표현에 인색하지 마십시오.

그들이 부모에게나 가족 모두에게 절실히 필요한 존재라는 사실을 알리고 인식시키십시오. 구체적으로 자녀들을 향한 부모의 사랑을 표현하십시오. 자주 안아주고 이야기를 들어주십시오.

⑨ 아이들이 듣는 앞에서 교회나 담임목사 또는 주일학교의 담임교사들에 대한 부정적인 이야기를 해서는 안 됩니다.

그것은 아이의 영혼에 독약을 먹이는 것과 같습니다. 부모로부터 교회나 목사의 부정적인 이야기를 들으며 자란 아이는 절대로 어떤 교회도 목사도 신뢰하지 않습니다. 그 아이는 결국 교회를 떠나게 되고 맙니다.

⑩ 명백한 잘못에 대하여 이유없이 관대하지 마십시오.
징계를 하되 엄하게 하고(잠 13:24) 징계 후에는 반드시 위로하십시오.

당신의 자녀를 영적으로 키우지 않으면 당신은 반드시 자녀로 인해 근심하게 될 날이 있습니다. 그러나 그가 하나님과 가까이 살도록 영적인 아이로 양육하십시오. 그러면 당신은 그로 말미암아 큰 기쁨을 얻을 것입니다. 그리고 당신의 신앙 생활은 더욱 감사가 넘치게 될 것입니다.

◈ **생각해 봅시다.**

1) 당신의 자녀는 주일학교에 잘 나가고 있습니까?
2) 주일학교 담임교사와 아이의 신앙 문제에 대해 상담해 보신 경험이 있습니까?
3) 당신의 자녀는 하루에 성경을 몇 장 정도 읽고 기도는 얼마나 합니까?
4) 자녀의 영적인 교육을 위해 얼마나 투자하십니까?(시간, 물질, 정성 등)
5) 당신의 자녀가 고 3이라고 가정하고 대학 입시를 위해 주일에도 등교하여 공부해야 한다고 할 때 당신의 입장은 어떠합니까?

16주 / 말씀을 실천해야 합니다.

마태복음 7:22-29

발들여 놓을 수 없을 만큼 꽉 찬 만원버스의 비어 있던 한 자리(경로석)에 20세 가량된 자매가 앉아 성경책을 읽었습니다. 그런데, 어느 할아버지가 아기를 업은 두 여성과 함께 버스에 올라타 그 자매 앞에 있었습니다.그러나 그녀는 꼼짝도 하지 않았습니다. 보다 못해 할아버지가 말했습니다.

"이보게 젊은이 그렇게 성경책 읽는 것보다 애기 엄마에게 자리를 양보해 주는 것을 하나님은 더 좋아하시지 않을까?" 그래도 그녀는 움직이지 않았습니다. 그러자 주변에서 자리를 비켜주면서 기독교 신자인 그녀를 비아냥거렸습니다.

우리 나라 기독교인들이 가장 좋아하는 단어는 "믿음"이라고 합니다. 그러나 가장 싫어하는 단어는 "실천"이라고도 합니다. 이것은 기독교의 본질적인 모습이 아닙니다. 기독교는 실천하는 신앙입니다. 그래서 야고보 사도는 행함이 없는 믿음을 죽은 것 그 자체라고 강조하고 있는 것입니다. 신앙 생활을 잘하려고 하면 말씀을 실천해야 합니다.

1. 말씀에 대한 세 가지의 복

① 읽는 자와 듣는 자가 복이 있습니다.

말씀을 읽고 들음으로써 복이 임합니다. "이 예언의 말씀을 읽는 자와 듣는 자들과 그 가운데 기록한 것을 지키는 자들이 복이 있나니 때가 가까움이라"(계 1:3). 여기서 "읽는 자" 는 단수이고, "듣는 자"는 복수입니다. 지금은 누구나 다 성경을 가지고 있지만 옛날에는 그렇지 못했습니다.

성경을 가지고 있는 사람이 거의 없었기 때문에 한 권의 성경을 몇 교회가 돌아가면서 읽었습니다. 골로새서에도 보면, 그것을 다른 교회에 주어 읽게 하라고 했습니다. 그래서 사본을 만들어서 읽었습니다. 그 당시의 형편과 비교해 볼 때 우리는 얼마나 행복합니까? 그런데도 성경을 읽지 않습니다.

② 깨닫는 자가 복이 있습니다.

성경 말씀은 성령으로 기록된 것이기 때문에 인간적인 생각이나 지식으로 마음대로 해석하는 것이 아닙니다. 반드시 하나님의 영인 성령의 감동으로 풀어지고 해석되고 이해되어집니다. 그리고 이해되어진 말씀이 자신에게 연관되어질 때 그것을 깨닫는 것이라고 표현할 수 있습니다. 예수님은 마태복음 13:23에서 말씀을 듣고 깨달을 때만이 신앙 생활의 결실이 있다는 말씀을 주셨습니다.

③ 실천하는 자가 복이 있습니다.

말씀을 아무리 많이 알고 깨달아도 그 말씀을 자기가 실천에 옮기지 않으면 아무 소용이 없습니다. 그래서 지키는 자가 복이 있다고 하였습니다. 말씀을 실천한다는 것은 쉬운 일이 아닙니다. 인간의 마음 깊은 곳에 내재한 죄성은 죄짓는 일에 어려움을 느끼지 못하게 하고 쉽게 만듭니다. 그러나 선을 행하고 말씀을 지키는 일은 부단한 노력과 땀흘림이 필요합니다. 그러면 어떤 방법으로 말씀을 실천할 수 있을까요?

2. 말씀을 실천합시다.

① 아주 작고 하찮은 일부터 실천하십시오.

작은 소자에게 냉수 한 그릇을 주는 일은 아주 작은 일일 수도 있습니다. 돈도 안들고 힘도 별로 들지 않습니다. 그런데 주님은 그것에 대해서도 상을 약속해 주셨습니다. 작은 일을 실천하지 못하는 자는 큰일도 실천하지 못합니다. 그래서 착하고 충성된 종은 작은 일부터 충성하는 종입니다(마 25:23).

② 미루지 말고 당장 하십시오.

말씀을 읽을 때나 들을 때 성령께서 자신의 어떤 행동에 필요한 깨달음이 왔을 때 즉시 행동에 옮겨야 합니다. 성령께서 주시는 깨달음을 실천하지 않고 소멸하면 행동 없는 믿음만 남게 됩니다. 행동 없는 믿음은 죽은 믿음으로 주님의 책망을 면할 수가 없습니다(마 25:25-30). 그러므로 미루지 말고 당장 실천하여야 합니다.

③ 최선을 다하고 결과에 집착하지 마십시오.

하나님은 결과보다 그 동기와 과정을 중요하게 생각하십니다. 만일 결과를 중요하게 보신다면 두 달란트 맡은 자와 다섯 달란트 맡은 자에게 상급과 칭찬이 달랐어야 했습니다. 그러나 칭찬도 같고 상급도 같습니다. 이 것은 무엇을 의미합니까?

하나님은 동기와 과정을 중요시 보신다는 것입니다. 어떤 동기로 시작하여 어떤 과정을 거치느냐를 따지시는 분입니다. 우리의 말씀 순종은 주님 사랑에서 출발하고 최선을 다하는 과정을 거쳐야 합니다. 신앙 생활을 힘 안들이고 저절로 하려고 생각하지 마십시오.

얼마 전에 어떤 분을 만났는데 그분은 자신들이 만난 사람들 중에 약 50%가 교회는 열심히 다니지만 구원의 확신이 없는 종교인이었다는 말을 하였습니다. 구원의 확신이 없다는 것은 말씀을 모른다는 것이고 말씀을 삶의 현장에서 실천도 못한다는 것을 의미합니다.

하나님은 철저하게 열심히 하는 종교 생활을 원하지 않으시고 그저 하나님이 주신 말씀을 괴로우나 즐거우나 복잡하게 생각하지 않고 실천하는 사람을 원하십니다. 대개 말씀을 지키는 사람들이 구원의 확증을 갖고 있습니다. 말씀을 실천합시다. 그래야 신앙 생활을 잘하는 것입니다.

◈ **생각해 봅시다.**

1) 말씀과 관련된 세 가지 복은 무엇입니까?
2) 신앙 생활에 있어서 가장 중요한 것은 무엇입니까?
3) 말씀 실천을 위한 방법은 무엇입니까?

17주 / 모이기를 힘써야 합니다.

히브리서 10:24-25, 사도행전 2:46

어떤 청년이 목사를 찾아와 물었습니다. "왜 매주일 교회에 나가야 합니까? 집에서 혼자 찬송하고 기도하며 예배드릴 수도 있지 않나요?"라고 말입니다. 목사는 타고 있는 벽난로의 장작개비들을 하나 둘씩 꺼내어 흩어놓았습니다. 그러자 벽난로는 서서히 불이 꺼지고 차가워지기 시작했지요. 목사는 청년에게 "우리가 정해진 시간에 함께 모이는 것도 이와 같다네"라고 말하였습니다. 본문에서 "모이기를 힘쓰라"는 교훈을 주고 있는데 왜 그래야 하는지 공부하도록 하겠습니다.

1. 교회의 특성이 모이는 것입니다.

교회라는 말 자체가 성도의 모임을 의미합니다. 즉 교회를 에클레시아라는 헬라어 자체가 밖으로 불러냄을 받은 사람들의 모임이라는 의미를 가지고 있습니다. 주님은 건물을 세우신 것이 아니라 거룩한 성도의 모임을 세우셨습니다. 그것이 교회입니다. 그러므로 모여야만 교회와 신자가 되는 것이요, 모임이 없으면 교회가 아닙니다.

2. 모여서 무엇을 합니까?

어떤 모임이든 모임의 이유와 목적이 있습니다. 우리가 교회에 모일 때도 그 이유가 있습니다.

① 하나님과의 교제를 위해서입니다.

하나님과 교제의 방식은 예배라는 형식을 통해서합니다. 즉 우리가 하나님께 드리는 찬양과 경배, 기도 그리고 헌금 등은 모두 하나님께 '드리는 요소'입니다. 그리고 설교를 통해 전달되는 하나님의 말씀과 성령의 감동은 하나님으로부터 우리에게 '내려오는 요소'입니다. 즉 우리의 올라가는 요소와 하나님께로부터 내려오는 요소가 합하여 신령한 교제가 이루어지는 것입니다. 그래서 하나님은 하나님께 예배하는 자들을 찾으십니다(요 4:23).

② 성도의 교제를 위해서입니다.

사람은 혼자서는 살 수 없는 존재입니다. 신앙 생활도 마찬가지입니다. 세상을 살아가는 것도 힘을 합하여 살아가야 하는 것처럼 신앙 생활도 함께하는 것이지 혼자 하는 것이 아닙니다. 천국에 가는 길이 좁고 협착하여 찾는 이가 적다(마 7:14)고 하였는데 그러기 때문에 모여서 함께 걸어야 합니다. 그래서 예수님은 승천하시면서 제자들에게 예루살렘을 떠나 흩어지지 말고 모여서 성령을 기다리라고 하셨습니다(행 1:4).

성도의 교제는 사랑입니다.

성도가 서로 만나서 싸우고 다투면 그것은 교제가 아닙니다. 사랑할 수 없는 사람도 그리스도의 사랑으로 껴안고 사랑을 나누는 것이 교제입니다.

성도의 교제는 위로입니다.

사람들은 누구나 위로 받고 싶어합니다. 내가 받고 싶은 만큼 다른 사람도 위로 받고 싶어한다는 사실을 알면 위로함으로써 위로 받는 진리를 알게 될 것입니다.

성도의 교제는 축복입니다.

믿는 성도가 서로 연합하여 동거함이 얼마나 아름다운지 사람들은 잘 모릅니다. 그런데 믿는 성도끼리도 마음을 잘 터놓지 못하고 서로 경계한다면 어떨까요? 그러나 성도가 서로 연합하여 친밀하고 사랑스런 교제를 갖는다면 억만금을 얻은 것보다 더 귀한 복을 받는 것이라는 사실을 알아야 합니다.

성도의 교제는 권면입니다.

사랑하는 사람이 잘못되기를 바라는 사람은 없을 것입니다. 그러기에 성도의 교제는 때로 권면과 충고가 있을 수 있습니다. 악에 빠지고 하나님의 미움의 대상이 되어진 사람이 있다면 진정한 의미에서의 사랑은 그를 권면하고 충고하며 책망하여 주님께로 돌이키는 일을 하는 것입니다.

3. 어떤 모임이 있습니까?

우리 교회의 모임은 다음과 같이 몇 가지로 나누어 설명할 수 있습니다.
- 예배를 위한 모임: 주일 낮 예배, 밤 예배 등
- 기도를 위한 모임: 수요 기도회, 새벽 기도회, 산상 기도회 등
- 성경공부를 위한 모임: 구역공부, 성경대학 등
- 친교를 위한 모임: 구역모임
- 회의를 위한 모임: 공동회, 당회, 제직회, 각 기관 월례회 등

4. 주님의 경고를 생각합시다.

히브리서에서 말씀하시는 주님의 경고는 그날(주님 재림 때)이 가까워 올수록 모이기를 폐하는 사람들이 많이 생겨날 것이라는 것입니다. 그래서 그러한 사람들처럼 모이기를 싫어하지 말고 모이는 일에 열심을 내라는 것입니다. 신앙적으로 게으르거나, 나태하면 모이기 싫어집니다. 자신의 영성 관리를 제대로 못하면 교회에 나오기 싫어집니다.

5. 모이기를 힘쓰면 어떤 결과가 있습니까?

모이기를 힘쓰면 믿음이 성장하고 영성이 충만해집니다. 받은 은혜와 은사를 유지할 수 있으며 무엇보다도 주님이 기뻐하십니다.

그렇습니다. 성도는 교회에 모여야 합니다. 모이지 않으면 신앙이 성장할 수 없습니다. 우리 나라의 초대 대통령이었던 이승만 대통령이 국민을 향해 외쳤던 말이 "뭉치면 살고 흩어지면 죽는다"였습니다. 신앙 생활도 마찬가지입니다. 모이기를 잘하면 신앙 생활을 잘할 수 있습니다. 모이기를 힘쓰는 성도가 됩시다.

◈ **생각해 봅시다.**

1) 교회가 모이는 이유는 무엇입니까?
2) 성도들의 교제는 어떤 성격을 갖고 있습니까?
3) 모이기를 힘쓰면 어떤 결과가 있습니까?

18주 / 기도 생활을 잘해야 합니다.

마태복음 7:7-11

인간은 한없이 유한하고 연약하기 때문에 하나님의 도움이 없이는 한시도 스스로 살 수 없습니다. 그래서 인간은 끊임없이 본능적으로 하나님을 찾아왔습니다. 하나님을 찾는 심성을 종교성이라고 합니다. 인간이면 누구나 다 종교성을 가지고 있습니다.

종교성이 없는 사람은 이 세상에 한 사람도 없습니다. 인간은 영적인 존재이기 때문입니다. 스스로 "무신론자"라고 하는 사람도 인간에게 비물질적 정신 세계가 있다는 것은 부인하지 못합니다. 성경은 인간이 가지고 있는 종교성을, 영원을 사모하는 마음이라고(전 3:11) 표현하고 있습니다. 이 영원을 사모하는 심성이 사람으로 하여금 신을 찾게 합니다.

1. 헛되게 기도하는 사람들이 있습니다.

종교인이든 무종교인이든, 유신론자든 무신론자든 간에 종교성을 가진 인간이 신과의 만남을 추구하는 방법이 바로 기도입니다. 기도를 통하여 신을 찾고 만나고자 하였습니다. 그러나 사람들은 아무리 기도하여도 참 하나님을 찾을 수 없습니다. 인간이 가지고 있는 죄 때문입니다. 오히려 헛된 우상과 귀신들에게 기도하고 스스로 하나님을 찾은 것처럼 생각하는 잘못을 범하였습니다.

그래서 사람들은 나름대로 신을 향하여 기도하고 자신들의 소원이 이루어지기를 갈망하지만 공허하고 헛된 정성만 쏟고 있는 것입니다. 우상종교나 불신자들도 나름대로 신을 향하여 기도를 합니다. 때로는 절이나 깊은 산골짝에 들어가서 그리고 귀신을 섬기는 신당이나 조상신을 위하는 사당에서 백일 기도를 하기도 하고 천일 기도를 하기도 합니다. 그러나 성경에서는 그들의 행위가 가증할 뿐 아니라 헛된 것이라고 말하고 있습니다.

2. 기도의 대상은 오직 살아 계신 하나님뿐입니다.

하나님을 알지 못하는 사람들에게는 온갖 이름의 귀신들이 기도의 대상이 되기도 하고 때로는 무슨 영험이 있다 하여 돌이나 나무로 깎아 만든 우상, 또는 큰 바위나 고목 나무, 태양이나 달과 같은 비인격적인 것들이 신인 줄 알고 기도의 대상이 되기도 합니다. 그러나 이러한 행위는 인간을 만물의 영장으로 창조하신 하나님께 정면으로 도전하는 죄입니다.

인격적인 인간이 비인격적인 것들을 신으로 섬길 수 없습니다. 사람의 손에 의해 돌로 깎아 만들어진 우상이 어떻게 인간을 도울 수 있다고 생각하십니까?

귀신은 신이 아닙니다. 원래 천사였지만 타락하여 저주받은 악령이 되었습니다. 지금 이 세상에서 활동하고 있지만 결국 하나님의 심판을 받아 지옥에 떨어질 존재가 귀신입니다. 귀신은 인간에게 복을 주지 못합니다. 그 자체가 저주받은 영이기 때문에 결국은 인간을 멸망으로 끌고 갑니다.

조상들도 신이 아닙니다. 그들의 영혼은 이미 영원세계(천국이나 지옥)에 있고 지상에 다시 오거나 어떤 영향력을 행사하지 못합니다. 조상신이 있다면 그것은 조상을 가장한 귀신들의 장난입니다. 이런 것들을 신으로 믿고 따르는 것은 정말 어리석은 짓입니다.

우리가 기도할 대상은 바로 천지를 창조하신 하나님이십니다. 여호와 하나님만이 유일하신 신입니다. 우주와 만물과 인간을 창조하셨고 오늘도 우리의 생사화복을 주관하고 계시기에 우리의 아버지이십니다. 만물의 영장으로 창조된 인간에게는 하나님만이 경배의 대상이며 기도의 대상인 것입니다.

3. 하나님은 기도의 응답을 약속하셨습니다.

우리가 기도할 수 있는 근거가 바로 여기에 있습니다. 그것은 하나님의 약속입니다. 헛된 우상과 악령에게 기도하는 사람들은 막연하게 정성을 드립니다. 그러나 우리는 하나님으로부터 응답을 약속 받고 기도합니다(렘 33:3 ; 마 7:7 ; 요 14:14).

4. 하나님과의 대화이며 인격적 만남입니다.

우리의 요구 사항만 나열하여 구하는 것은 올바른 기도의 태도가 아닙니다. 인격적으로 주님과 대화하는 것입니다. 주님의 뜻에 관심을 갖고 그의 요구 사항에도 귀를 기울이며 주님의 필요에 응답하고자 하는 관심에서 출발하여야 합니다.

5. 우리의 기도는 반드시 응답이 있습니다.

나타나는 방법이 다를 뿐입니다. 시급한 문제에 대하여는 즉시 응답해 주십니다. 하나님의 뜻이 있어서 오랜 후에 주시는 응답과 기다리라고 하시는 응답도 있습니다(눅 18:1-8).

혹은 우리가 구하는 것이 하나님의 영광이나 자신에게 유익하지 않은 것일 때 안 된다 하시고 다른 형태로 주시는 응답도 있습니다(고후 12:8-9).

6. 어떻게 기도하여야 할까요

① 은밀히 해야 합니다(마 6:6).
② 하나님의 뜻대로 구하여야 합니다(요일 5:14).
③ 의심치 말고 믿음으로 하여야 합니다(약 1:6-8 ; 마 21:22).
④ 생활 자체가 기도의 연속이 되어야 합니다.(마 25:13 ; 살전 5:17).
⑤ 더불어 기도해야 합니다(행 1:14).
⑥ 특별한 기도 시간을 가져야 합니다.

매일 드리는 식사 기도 외에, 예배에 참석하여 드리는 형식화된 기도 외에, 하나님과 자기만의 관계 유지를 위한 특별한 시간을 따로 떼어내어 기도하는 일에 바쳐야 합니다(행 3:1).

◆ **생각해 봅시다.**

1) 우리가 기도해야 할 분명한 이유가 무엇입니까?
2) 기도 응답의 방법에 대하여 말해 봅시다.
3) 당신이 응답받은 구체적인 사례가 있으면 간증해 보십시오.
4) 당신은 어떤 방식으로 하나님과 특별한 관계를 유지하고 있습니까? 기도 생활에 대해 말해봅시다.
5) 우리는 어떻게 기도해야 할까요?

5월

구제하는 일에 힘써야 합니다.
고난을 이해해야 합니다.
의심을 버려야 합니다.
생명력 있는 신앙이 됩시다.

19주 / 구제하는 일에 힘써야 합니다.

마태복음 6:1-4

　뉴욕 역대 시장 중 가장 훌륭한 시장으로 알려진 사람은 라과디아 (Laguardia) 씨입니다. 그가 뉴욕시의 즉결 재판부에 판사로 있을 때 하루는 가게에서 빵을 도둑질하다가 붙잡혀 온 한 노인을 재판하게 되었습니다. 노인은 "배가 너무 고파 빵을 훔쳤다."고 고백하였습니다.

　그 때 라과디아 판사는 이렇게 판결했습니다. "당신을 10달러의 벌금형에 처합니다." 그리고 나서 그는 자기 지갑에서 10달러를 꺼냈습니다. 그리고 말하기를 "이 노인의 벌금 10달러를 내가 내겠습니다. 이토록 배고픈 사람이 뉴욕거리를 헤매고 있었는데 내가 그 동안 너무 좋은 음식을 배불리 먹은 벌금으로 내는 것입니다."

　라과디아 판사는 자기의 넓은 중절모자를 재판부 서기인 베일리프 씨에게 내주며 말했습니다. "이 재판장에 계신 분들 중에서도 나처럼 너무 잘먹은 데 대한 벌금을 내시고 싶으면 이 모자에 넣기를 바랍니다." 이렇게 해서 가난한 노인은 오히려 47달러를 손에 넣고 눈물을 흘리며 재판장을 나가게 되었습니다. 아름다운 이야기가 아닐 수 없습니다.

　한 끼 양식도 없어서 못먹는 사람들 앞에서 너무 잘먹은 데 대한 벌금을 낼 수 있는 마음, 이런 마음이 그리스도인이 가져야 할 마음이 아닐까요? 성경은 끊임없이 가난한 사람에게 가진 자가 손을 펴고 도울 것을 강조하고 있습니다. 신앙 생활을 잘한다고 하는 것은 결국 이러한 하나님의 말씀을 실천하는 것을 의미하는 것입니다.

1. 성경이 말하는 가난한 자들은 누구입니까?

절대적으로 빈곤한 사람들입니다.

가난에는 두 가지가 있습니다. 절대적인 가난과 상대적인 빈곤감입니다. 천만원 가진 자가 1억원 가진 자 앞에서 가난하다고 느끼는 것은 상대적인 빈곤입니다. 그러나 천만원은 고사하고 수중에 만원도 없는 사람은 절대적으로 빈곤한 사람입니다. 아직도 우리 주변에 절대적인 빈곤에 시달리는 사람들이 있습니다. 이런 사람들에게 그들보다 조금 더 가진 우리가 나누는 것은 주님이 말씀하신 사랑 실천입니다.

2. 구제에 대한 하나님의 말씀

1) 추수 때에 가난한 자를 배려함(레 23:22).
2) 가난한 형제에게 마음을 강퍅하게 쓰지 말고 손을 움켜쥐지 말고 가난한 자에게 손을 펴라고함(신 15:7 ; 신 15:11).
3) 구제는 하나님께 꾸어주는 것이라고 함(잠1 9:17).
4) 가난한 자에게 복음이 전파됨(눅 4:18).
5) 가난한 자를 택하사 믿음에 부요케 함(약 2:5).
6) 소유를 주라고 명함(눅 18:22 ; 눅 6:38).

3. 구제의 중요성

① 하나님의 명령입니다.
구제는 율법에서 누차 강조할 뿐 아니라 예수님도 말씀하신 명령입니다.
② 신앙의 표현입니다.
믿음이 아니고서는 행할 수가 없습니다. 구제는 신앙의 표현입니다.
③ 교회의 주요한 기능 중에 하나입니다(행 2:45).
④ 복을 받는 비결이기도 합니다(눅 6:38 ; 마 6:4).

4. 어떻게 구제를 실천할까요?

예수님은 본문에서 특별히 구제의 동기, 구제하는 자의 마음 자세에 주안점을 두고 말씀하십니다.

① 사람에게 보이려고 해서는 안 됩니다(1절)

"보이려고"의 원뜻은 어떤 목적을 이루려는 의도적인 행위를 나타내는 말입니다. 예수님께서는 종교 행위, 특히 구제의 목적이 자신을 드러내고 영광을 받으려는 데 있어서는 안 된다고 하셨습니다. 그 당시 바리새인과 서기관 같은 유대 종교 지도자들은 자신들의 의를 나타내려는 목적으로 구제를 했습니다.

예수님께서는 그러한 외식적인 신앙을 꾸짖으시며 그들이 하나님으로부터 상을 얻지 못할 것임을 말씀하고 계십니다. 사람들은 외적인 행위만 가지고 남을 평가하고 남에게 평가를 받으려고 하지만 하나님께서는 그 사람의 행위와 목적 그리고 마음의 동기까지도 보시고 판단하십니다. 그러므로 성도들의 신앙 생활은 오직 하나님께 영광을 돌리기 위한 것이어야 하며 그 외에 불순한 동기와 목적이 있다면 그 모든 것이 무가치하고 헛된 것이라고 하십니다.

② 외식하는 자처럼 하지 말라(2절)

"외식하는 자"는 본래 "연극 배우"를 가리키는 말이었는데 여기서는 겉과 속이 다른 위선자를 가리키는 말로 사용되었습니다. 외식하는 자들은 사람들로부터 칭찬과 높임을 얻으려고 회당과 거리에서 나팔을 불며 구제를 했습니다. 이들은 "사람에게 영광"을 얻으려는 마음에서 종교적 의무로 구제를 행했을 뿐, 하나님께 영광(전 12:13 ; 롬 11:36)을 돌리는데는 전혀 무관심했던 것입니다. 이들의 이러한 외식적인 행위는 하나님과 사람들을 기만하는 일이었습니다. 성경은 외식자들이 원하는 것은 하나님의 상이 아니라 대중의 칭찬이었으므로 그들은 이미 그 상을 받은 것이라고 말하고 있습니다.

③ 은밀하게 하라(3-4절)

외식하는 자들은 그들의 구제가 많은 사람들에게 알려지도록 했지만 예수님께서는 자기 자신조차도 모를 정도로 은밀하게 구제하라고 말씀하십니다. 그렇게 하기 위해서는 교회를 통해서 하는 것이 좋습니다. 이와 같이 바른 구제는 구제를 자신의 공로나 자랑으로 여기지 않고 하나님의 사랑을 입은 자의 마땅한 일로 여기는 겸손함에서 이뤄집니다. 은밀하게 구제하면 은밀한 중에 보시는 하나님으로부터 반드시 상을 받게 됩니다. 그리고 더욱더 신앙 생활을 잘하게 되는 것입니다.

◈ 생각해 봅시다.

1) 혹시 상대적인 빈곤감을 갖고 있지 않습니까? 그렇다면 어떻게 해야 할까요?
2) 주변에 절대적인 빈곤에 빠진 자가 있습니까?
3) 그를 위해 내가 할 수 있는 일이 무엇일까요?
4) 구제를 힘쓰면 어떤 복이 있을까요?
5) 어떻게 구제해야 할까요?

20주 / 고난을 이해해야 합니다.

빌립보서 1:29-30

고난이 없는 사람은 이 세상에 없습니다. 심지어 신실한 기독교인들도 고난을 당합니다. 어떤 이는 육체적으로 어떤 이는 정신적으로 그리고 경제적으로 심한 압박과 아픔을 당합니다. 그래서 많은 사람들이 부르짖습니다. "왜 내가 이 같은 고난을 당해야 하느냐."고 말입니다.

이 질문에 대한 대답은 그리 간단하지 않습니다. 중요한 것은 바울 사도나 예수 그리스도도 고난을 받으셨다는 것입니다. 그는 고향에서 오해받고 동족에게 비난받았으며 모욕을 당하셨습니다. 그리고 겟세마네에서 잡히셔서 채찍에 맞으시고 십자가에 달리셨습니다. 바울 사도는 빌 1:29절에서 우리에게 은혜를 주신 것은 그리스도를 믿을 뿐 아니라 그를 위하여 고난도 받게 하려 함이라고 말하였습니다. 이렇게 보면 현대의 그리스도인들이 크게 잘못 알고 있는 것이 있다는 것을 알 수 있습니다. 예수 믿으면 모든 것이 잘되고 만사형통하고 그렇게 되어야만이 예수를 잘 믿는 것이고 그렇지 않으면 잘못 믿은 결과라고 생각하는 것 말입니다.

여기서 우리가 알아야 할 것은 고난에 대한 바른 이해를 해야 예수를 잘 믿을 수 있다는 것입니다.

1. 고난이 오는 통로는 무엇입니까?

① 자신이 지은 죄의 결과로 고난이 임합니다.

살인한 사람이 회개하여 하나님께 용서받을 수는 있으나 그의 죄 때문에 감옥에서 옥살이하는 것은 면할 수 없는 것과 같이 죄와 실수가 고난의 원인이 됩니다. 무엇을 심든지 그대로 거둔다는 원리에서 오는 고난입니다.　갈라디아 6:7절 말씀에 "스스로 속이지 말라 하나님은 만홀히 여김을 받지 아니하시나니 사람이 무엇으로 심든지 그대로 거두리라."라고 하였습니다.

② 타인의 실수나 잘못 때문에 임하는 이유 없는 고난도 있습니다.

대개 이런 고난을 당할 때 사람들은 하나님을 원망합니다. 그러나 이것은 인간 편에서 볼 때 이유 없이 임하는 것 같으나 하나님 쪽에서 볼 때는 분명한 이유가 있습니다. 그러므로 성도는 타인의 잘못 때문에 내게 손해가 오고 피해가 온다 할지라도 일차적으로 자신에게 대한 하나님의 뜻이 무엇인지 생각하여야 합니다.

③ 하나님의 영광을 나타내려고 주어지는 고난도 있습니다.

나사로는 죽을 병에 들었습니다. 그것은 그와 그의 가족에게 큰 불행이고 슬픔이었습니다. 그런데 주님은 요한복음 11:4절에서 "이것은 죽을 병이 아니라 하나님의 영광을 위함이라."고 하였습니다. 나사로는 병들어 죽었지만 살아났습니다. 오늘날까지 하나님은 이 이야기를 통하여 큰 영광을 받고 계십니다. 그러므로 성도가 시험과 고난이 닥칠 때에 이 일로 인하여 하나님을 기쁘시게 할 수 있다면 나는 행복하다는 태도를 지녀야 합니다.

④ 하나님의 일을 나타내시려고 고난이 임하기도 합니다.

소경 한 사람을 보며 제자들이 물었습니다. 누구의 죄 때문이냐는 것입니다. 본인의 죄? 아니면 그 부모의 죄?… 아닙니다. 예수님은 대답하셨습니다. 아무의 죄 때문도 아니라고….

그것은 예수님께서 그를 고치실 수 있다는 것을 사람들에게 보이시기 위함이라고 말씀하셨습니다. 그러므로 어떤 성도가 어떤 고난을 당할 때 그를 함부로 판단하여 "이번에 그가 무슨 죄를 지었는가?"라고 말해서는 안됩니다. 그럴지라도 주님께서는 그와 더욱더 친밀한 교제를 맺으시려고 그를 아프게 하셨기 때문입니다.

⑤ 하나님이 허락하신 사탄의 역사로 임하기도 합니다.
때로 하나님은 어떤 목적을 이루시기 위해 사탄으로 하여금 성도를 시험하게도 하십니다. 욥의 시험이 대표적인 예입니다.

2. 고난의 목적
그렇다면 고난이 성도에게 찾아오는 목적은 무엇일까요?

① 우리의 아들 됨과 참 믿음을 증명하시기 위해서 고난을 주십니다.
히브리서 12:8절에 보면 징계가 없으면 사생자요 참 아들이 아니라고 하였습니다. 그리고 디모데후서 3:12절에서는 "무릇 그리스도 예수 안에서 경건하게 살고자 하는 자는 핍박을 받으리라."라고 하였습니다.

② 우리의 유익을 위해서 고난을 주십니다.
고난을 받을 때는 다 괴롭고 힘들지만 그 고난을 통하여 하나님은 우리에게 유익을 주시고자 하십니다.
- 믿음이 단련됩니다.
- 거룩한 삶을 배우게 됩니다(히 12:10).
- 말씀을 지키게 됩니다(시 119:67).
- 하나님을 더욱 찾고 그를 의지하게 됩니다.
- 힘써 기도하게 됩니다(시 81:7).

3. 고난에 대한 성도의 태도
고난이 임할 때 우리가 어떻게 반응하느냐 하는 것은 대단히 중요합니다. 반응의 태도에 따라 엄청난 다른 결과를 가져오기 때문입니다.

① 어떤 고난이든 하나님의 뜻이 있다는 것을 명심해야 합니다(렘 29:11).

② 모든 고난은 우리를 사랑하시는 하나님의 손에서 이루어진다는 것을 알아야 합니다.

③ 겸손한 태도로 고난을 기꺼이 받겠다는 자세를 가져야 합니다.

④ 모든 것을 합력하여 선을 이루시는 하나님을 신뢰하여야 합니다(롬 8:28).

결국 성도에게 망하게 되는 고난이란 없습니다. 만일 우리가 정녕 고난을 주시는 하나님의 뜻을 알고 그 가운데 굳게 서서 주님을 신뢰한다면 내게로 오는 모든 것(병, 고통, 오해, 질투, 무시, 상실, 어두움, 실패 등등…)이 결국은 나에게 유익하게 될 줄을 알게 될 것입니다. 그러므로 때때로 우리에게 찾아오는 고난에 대한 바른 이해를 통해 고난을 잘 극복하고 신앙생활을 잘하시기를 바랍니다.

◈ 생각해 봅시다.

1) 정말로 신실한 믿음의 소유자도 고난 받을 수 있습니까?

2) 그렇다면 그 고난의 이유는 무엇일까요?

3) 성도가 믿음으로 받는 모든 고난은 결국에 가서 어떤 보상이 있습니까?(고후 4:17)

4) 자신이 어떤 고난에 처해 있다면 그 고난에 대한 하나님의 시나리오가 무엇이라고 생각하십니까?

5) 고난을 당할 때 고난에 대한 성도의 태도는 어떠해야 합니까?

21주 / 의심을 버려야 합니다.

마태복음 14:25-33

어느 날 제자들이 배를 타고 갈릴리 바다를 건너가는데 예수님께서 물 위로 걸어오셨습니다. 제자들은 유령인 줄 알고 무서워하였습니다. 예수 님은 "내니 두려워 말라."라고 말씀하였지만 제자들의 두려움은 가시질 않 았습니다. 그 때 베드로가 용기를 내어 유령이 아니고 "주시어든 나를 명 하여 물위로 오라 하소서."라고 말하였습니다. "오라" 하는 주님의 말씀에 서 베드로는 확신을 얻었습니다. 물위로 걸어오시는 분은 유령이 아니라 정든 주님의 목소리였기 때문입니다. 베드로는 주님를 보고 용기를 내어 바다에 뛰어들었습니다. 그리고 물위를 몇 발짝 걸었습니다. 주님의 능력 이 그를 물위로 걷게 한 것입니다. 그런데 갑자기 큰 바람이 일어났습니 다. 순간적으로 파도가 주님과 베드로를 가로막았습니다. 주님이 보이지 않자 그 순간 베드로의 마음에 의심이 들었습니다. 그러자 그의 몸이 물 속 에 빠져들기 시작하였습니다. 베드로는 정신이 번쩍 나서 소리쳤습니다.

"주여 구원하소서." 그 때 주님께서 베드로의 손을 잡아 건지시면서 하 신 말씀이 "왜 의심하였느냐?"입니다. 그렇습니다. 의심은 우리를 파멸로 인도해 갑니다. 신앙 생활에 있어서 의심을 버려야 합니다. 베드로는 바람 과 파도를 보고 의심이 생겼습니다. 우리가 하나님을 섬기고 살아가는 과 정 속에서도 하나님의 사랑과 능력, 주님의 은혜에 대하여 의심이 생기는 이유가 있습니다.

① 사단의 유혹 때문입니다(창 3:4).
사단은 거짓의 아비입니다. 그래서 끊임없이 거짓말로 성도들을 미혹하

여 하나님께 대한 믿음에 금이 가게 합니다. 하와는 그러한 사단의 꾐에 빠져 하나님을 의심하고 그 명령에 불순종하였습니다.

② 영적 체험이 없기 때문입니다(눅 24:38-39).

보지 않고도 믿는 믿음이 더 중요하지만 때로 영적인 체험은 우리에게 큰 확신을 갖게 합니다. 그래서 주님이 의심하는 도마에게 손의 못 자국을 만져보라고 하셨습니다. 영적 체험이 없이도 확신한다면 그것은 하나님이 주신 믿음의 선물입니다. 그러나 하나님에 대해 의심이 된다면 체험을 구하십시오. 그리고 하나님을 믿으십시오.

③ 죄가 있으면 의심이 생깁니다(요 16:9).

죄는 하나님과 우리 사이를 가로막는 담과 같습니다. 베드로가 바람과 파도를 보고 의심했던 것처럼 죄가 주님과 우리 사이에 들어오면 의심이 생깁니다. 죄를 회개하고 믿음을 회복하지 않으면 멸망의 구덩이로 빠져들고 맙니다.

④ 믿음이 약하거나 적기 때문입니다.

예수님은 베드로에게 "믿음이 작은 자여…"라고 말씀하셨습니다. 믿음이 작으면 의심이 생깁니다. 믿음을 키워야 합니다. 강하게 단련해야 합니다. 주님께 솔직히 믿음 없음을 그리고 약함을 고백하십시오. 그리고 도움을 요청하십시오. 약하거나 작은 믿음을 주님은 멸시치 않으셨습니다. 그의 약함을 도우셨습니다. 베드로를 도우신 것처럼 말입니다. 그리고 막 9:24절에서 귀신 들린 아이의 아버지를 도우신 것처럼 말입니다.

⑤ 인간의 상식적인 선입관념 때문에 생깁니다.

사람이 물위로 걸을 수 없다는 상식적인 선입관념이 물위를 걸어가던 베드로를 의심하게 만들었습니다. 믿음은 상식이 아닙니다. 그 이상의 것입니다. 상식적인 선입관념을 버리지 않으면 의심을 극복할 수가 없습니다.

베드로는 고넬료가 이방인이라고 하는 선입관념 때문에 그를 상대하는 것을 꺼려했습니다. 그러나 하나님은 그의 상식과 선입관념을 버리도록 하셨고 고넬료의 집에 보내셔서 그의 집에 구원의 은혜를 베푸셨습니다 (행 10:20-35).

⑥ 인간의 머리로 계산할 때 생깁니다(고전 1:18-25).

인간의 생각은 하나님의 생각을 뛰어넘을 수 없습니다. 그럼에도 불구하고 우리는 언제나 내 생각을 앞세우고 나의 지혜를 짜냅니다. 그러나 인간의 지혜는 전능하신 하나님을 더욱 의심하게 할 뿐입니다. 그래서 고린도전서 1:21절에서 "이 세상이 자기 지혜로 하나님을 알지 못하는 고로 하나님께서 전도의 미련한 것으로 믿는 자들을 구원하시기를 기뻐하셨도다."라고 말씀하셨습니다. 때로는 믿음의 행동이 인간적으로 어리석게 보여도 하나님이 보실 때는 가장 지혜로운 것임을 알아야 하겠습니다.

⑦ 영적 불안정이 의심을 가져옵니다(약 1:6-8).

제자들은 물위로 걸어오시는 주님을 유령으로 착각하였습니다. 불안정한 심리 상태를 나타내는 것입니다. 그러한 제자들에게 주님은 "내니 안심하라."고 안정시켜 주셨습니다.

언제 영적으로 불안정한 상태가 됩니까? 사도 야고보는 두 마음을 품을 때(약 1:6-8)라고 말씀하였습니다. 우리의 마음이 오직 하나님만을 향해야 합니다. 한 사람이 두 주인을 섬길 수 없다고 하신 것처럼(눅 16:13) 두 마음을 품으면 괜히 하나님의 사랑이 의심스러워집니다. 주님의 은혜가 의심됩니다. 이러한 영적인 불안정에서 벗어나야 의심을 물리칠 수 있습니다.

어떤 사람이 소중한 도끼를 잃어버렸습니다. 어디서 잃었는지 도무지 짐작이 가지 아니하는데 이웃집 아들 녀석의 태도가 수상쩍었습니다. 그래서 그 애가 훔쳐간 것이 아닌가 하여 눈치를 살피고 있는데, 아니나 다를까 밖에서 만나면 인사도 않고 슬슬 피해가는 것이었습니다.

틀림없이 자신의 도끼를 훔쳐간 것은 그 녀석이라고 의심하고 있었는데 어느 날 자기 집에서 그 잃어버린 도끼가 발견되었습니다. 그런데 그 후에는 이웃집 아들 녀석을 만나도 별로 수상쩍게 보이지 않았다는 것입니다. 이 이야기에서 의심암귀(疑心暗鬼)라는 말이 유래되었다고 합니다. 즉 의심하는 눈으로 보면 정상적인 것도 이상하게 보인다는 것입니다. 신앙 생활에서도 마찬가지입니다. 의심의 태도를 버려야 합니다.

그렇습니다. 의심이 가득하면 신앙 생활을 잘할 수 없습니다. 의심하게 되는 요소를 물리치고 굳건한 믿음을 소유합시다.

◈ **생각해 봅시다.**

1) 주님이 베드로를 건져주시며 하신 말씀이 무엇입니까?
2) 하나님의 사랑에 대해 의심해 보신 적이 있습니까? 있다면 그 이유가 무엇입니까?
3) 우리가 확신해야 할 것들은 무엇입니까?
4) 성도가 의심하게 되는 일곱 가지 이유가 무엇인지 정리해 봅시다.
5) 의심이 가득할 때 어떤 결과가 초래됩니까?

22주 / 생명력 있는 신앙이 됩시다.

요한복음 6:53-59

곡식에 알곡과 쭉정이가 있듯이, 믿음에도 알곡 믿음과 쭉정이 믿음이 있고, 살아 있는 믿음과 죽은 믿음이 있습니다. 그렇다면 알곡과 쭉정이의 차이는 무엇을 의미하는 것일까요? 그것은 '생명이 있느냐? 없느냐?'에 있습니다. 야고보는 믿음에는 산 믿음이 있고 죽은 믿음이 있다고 선언하였습니다. 그리고 하나님은 우리의 믿음이 산 믿음이 되기를 원하시고 계십니다.

왜냐하면 하나님 자신이 생명의 에너지를 공급하는 빛이시기 때문입니다. 그러므로 우리의 믿음이 전혀 움직일 수 없는 죽은 믿음이 아니라 주님의 생명을 충만하게 받아 살아 움직이는 믿음이 되어야 하겠습니다. 날마다 아름답게 성장하는 믿음, 영적인 충만을 경험하는 믿음, 생명력이 있는 믿음이 됩시다. 궁극적으로 생명력 있는 믿음은 하나님의 선물이지만 정체되고 힘없는 믿음에 활력을 더하게 하려면 구체적으로 내가 할 수 있는 일이 무엇일까요?

1. 찬송을 뜨겁게 부르십시오.

하나님은 찬송 중에 거하는 분이십니다. 그러므로 당신의 백성들이 날마다 주님의 성호를 찬송하기를 원하시며, 그렇게 하는 자를 기뻐하십니다. 신자가 찬송을 뜨겁게 부를 때 원수마귀 흑암의 세력은 물러가고, 신자의 믿음은 날마다 성장하는 것이요, 기적의 역사를 체험하게 될 것입니다. 성경에서 찬송할 때 여러 가지 기사와 이적이 나타난 것을 보여주고 있습니다. 여리고 성이 찬송으로 무너졌으며(수 6:1-21), 바울과 실라는 옥중에서 기도와 찬송할 때에 주의 천사가 와서 도왔고(행 16:25), 이스라엘 백성들은 암몬, 모압, 세일산 족속들이 쳐들어 와서 어떻게 할 방법이 없을 때에 찬송함으로써 적들을 물리칠 수 있었습니다(대하 20:22).

이사야 43:21절에 보면 "이 백성은 내가 나를 위하여 지었나니 나의 찬송을 부르게 하려 함이니라."라고 하였습니다. 그러므로 인간 창조의 목적이 하나님을 찬송하게 하는 것이기에 찬송을 뜨겁게 부를 때에 생명력 있는 믿음이 되는 것입니다.

2. 기도를 열심히 합시다.

기도는 우리 신앙에 불을 지르는 활화산과 같습니다. 기도가 살아 있는 신자는 날마다 뜨거운 신앙 생활을 할 수가 있습니다. 오늘날 복잡하고 다원화된 사회 속에서 세상일에 바쁘다 보면 여간해서는 기도 생활에 시간을 할애하기가 어려운 것이 현실입니다. 그렇다고 할지라도 신자는 기도 생활에 힘써야 합니다. 기도는 우리의 신앙 생활에 생명력을 줄 것입니다. 하나님을 만나야 생명력 있는 믿음이 생기는 데 부르짖으며 기도하면 만나주신다고 예레미야 29:12-14절에 기록되었습니다. 부르짖는 기도는 하나님을 만나는 기도입니다. 활력 있는 믿음이 되기 위해서 될 수 있는 대로 다음과 같이 기도하십시오.

- 자신의 죄를 고백하는 기도를 하십시오.
- 구하는 기도보다는 주님의 필요에 응답하는 기도를 하십시오.
- 자신의 처지를 있는 그대로 고하십시오.
- 될 수 있는 대로 소리내어 하십시오.
- 공식적인 모임의 기도시간 외에 하나님과 자신만의 비밀한 시간을 정하십시오.

그렇게 되어질 때 우리의 기도가 생명력을 얻게 될 것입니다.

3. 주를 위함이라면 무엇에든 열심을 내십시오.

세상에서도 무엇인가를 부지런히 하는 사람은 항상 건강합니다. 신자가 주님을 위해서 무엇인가 열심히 일하다 보면 힘은 들어도 내 영혼에 생기가 돌고, 내 믿음에 강건함이 오며, 담대하고 큰 믿음이 생깁니다. 어떤 사람은 주님을 위해 일할 생각은 않고, 능력 달라고 간구만 합니다. 그러나 주님은 어떤 사람에게 힘과 능력을 주실까요? 믿음을 가지고 무엇인가 열심히 일하는 자와 함께하시고 축복하십니다. 주님은 주를 위해 일을 시작할 때 함께하시는 것입니다. 사도행전 11:20-21절에 보면 성도들이 예수를 열심히 전파할 때 주의 손이 함께 하였습니다. 그러므로 주의 손이 우리와 함께하시도록 우리는 열심히 주의 일을 해야 합니다.

4. 예수 피의 권세를 소유하십시오.

예수님은 우리 죄인들의 억만 가지 모든 죄를 사하시기 위하여서 십자가의 모진 고난을 극복하셨고, 부활의 능력으로 살아 나시사 우리를 원수 마귀와 죄의 권세로부터 해방시키시고, 구원해 주셨습니다. 그러므로 예수의 피의 권세는 성도의 신앙에 있어서 승리의 원동력이 됩니다. 피는 생명입니다(레 17:11). 그러므로 신자가 예수의 피를 믿을 때 그의 영원한 생명과 능력을 소유하게 되는 것입니다.

그렇습니다. 열심 있는 신앙에 생명력이 있습니다. 죽었다가 살아나신 예수의 피 권세를 가지고 기도도 찬송도 전도도 열심히 합시다. 그래야 생명력 있는 믿음이 됩니다. 생명력 있는 믿음이 되면 신앙 생활을 잘할 수 있습니다.

◈ 생각해 봅시다.

1) 생명력 있는 믿음은 어떤 것이라고 생각합니까?
2) 피는 무엇입니까?(레 17:11)
3) 예수께서 찔리시고, 맞으시고, 십자가에 달려 흘리신 피의 효과는 무엇입니

까?(사 53:5-6)

4) 하나님이 예수 그리스도를 믿는 신자에게 주신 권세는 무엇 입니까?(요 1:12)

5) 정체되고 힘없는 믿음을 더하게 하려면 구체적으로 우리가 할 수 있는 일은 무엇일까요?

6월

이기주의를 버려야 합니다.

영의 법칙으로 살아야 합니다.

순종을 잘해야 합니다.

하나님과 동사(同事)해야 합니다.

23주 / 이기주의를 버려야 합니다.

누가복음 12:16-21

    피서철만 되면 전국의 산과 계곡에서 쓰레기 전쟁이 벌어진다고 합니다. 나만 편하면 된다고 하는 사고 방식 때문에 쓰레기를 어디에나 함부로 버리기 때문입니다. 조금만 남을 배려하여 가지고 갔던 쓰레기를 되가져오면 되는데 그렇지 못합니다. 자기중심적인 이기주의 때문입니다. 이기주의란 자기 중심적인 사고 방식을 의미합니다.

    성경에서도 이기주의자들이 등장합니다. 최초의 이기주의자는 가인입니다. 그는 하나님이 자신의 제사는 받지 않고 동생 아벨의 제사만 받으신 것에 대해 배가 아팠습니다. 하나님이 자신의 제사를 받지 않은 것은 아벨 때문이라고 생각하였습니다. 그래서 그는 동생을 죽였습니다. 이기주의는 남이 잘되는 꼴을 보지 못합니다. 그래서 남이야 죽든 말든 상관하지 않습니다. 자신의 이익을 위해서라면 동생도 죽였습니다.

    예수님의 제자들도 한때 이기주의에 빠졌습니다. 세베대의 아들들인 야고보와 요한이 예수님께 재빠르게 청탁을 하였습니다(막 10:37). "우리를 하나는 주의 우편에, 하나는 좌편에 앉게 하여 주옵소서."라고 말입니다. 다른 사람을 물리치고 출세해 보자는 심산이었습니다. 이런 야고보와 요한의 행동을 보고 다른 제자들이 분을 내었습니다. 너희 둘만 잘 되려 하느냐고 따졌습니다. 다 똑같은 사람들입니다(막 10:41).

    오늘 본문인 누가복음 12:16-19절에도 철저히 이기주의에 빠진 사람에 대한 기록이 나옵니다. 그는 농사하여 풍성한 소득을 얻었습니다. 곡식 창고에 쌓을 곳이 없어서 헐어내고 더 크게 짓고 많은 곡식을 저장했습니다. 그러나 그는 자기만 생각하는 사람이었습니다. 풍성한 소출을 주신 하나님의 뜻을 알지 못하였습니다. 어리석은 부자를 통해서 이기주의자의 특징을 살펴볼 수 있습니다.

1. 이기주의자의 특징

① 철저히 자기 중심적입니다.

본문에서 자신을 가리키는 말(내, 또는 나)이 몇 번 나오는지 살펴보면 그것을 알 수 있습니다. 6번이나 "나"를 강조하고 있습니다. 미국의 뉴욕 전화국에서 사람들이 어떤 말을 제일 많이 쓰는가 조사해 보았더니 "나"라는 말을 제일 많이 쓰더라고 합니다. 5,000번의 대화중에서 3,999번이 다 "나"에 대한 이야기더라고 합니다. 우리는 너무나 자기 중심적인 세상에 살고 있습니다.

② 모든 생각이 세속적입니다.

19절의 말씀을 보면 물질의 풍요가 영혼의 만족을 주는 줄 알고 있으며 (19절) 이 세상에서 영원히 살 줄로 착각하고 있습니다.

③ 가난한 이웃을 배려하는 마음을 찾아볼 수 없습니다.

가난한 이웃들은 그의 품꾼이었을 것입니다. 자신의 풍요로운 농사를 위해 수고한 품꾼이나 가난한 이웃에 대해 베풀고자 하는 생각을 전혀 찾아볼 수 없습니다.

④ 자신에게는 풍요롭고 하나님께는 인색합니다.

풍요로운 농사를 주신 하나님께 감사를 드린다든지 헌금을 드린다든지 하는 내용을 찾아볼 수 없습니다. 오직 자기만을 위해 쌓아두고 하나님께는 부요하지 못하고 인색하였습니다(눅 12:21).

⑤ 하나님 마저 독점하려고 합니다.

영적인 이기주의에 빠진 사람들의 모습입니다. 하나님이 오직 자신만의 하나님인 줄 압니다. 그래서 언제나 자기 편만 되어준다고 하는 생각을 합니다. 그래서 서로 미워하고 원수를 맺고도 풀지 않습니다. 그러나 우리는 생각하여야 합니다. 하나님은 내가 미워하는 사람의 하나님이시기도 합니다. 그래서 원수를 미워하지 말고 사랑하고 선대하라고 주님은 말씀하셨습니다(눅 6:27, 35). 성도가 신앙 생활을 잘하려면 이와 같은 이기적인 생각을 배격하고 버려야 합니다.

2. 이기주의를 어떻게 극복할 수 있을까요?

인간의 본능 속에 내재하고 있는 이 이기주의를 어떻게 극복할수 있을까요?

① 성령의 충만함을 받아야 합니다.

성령을 받으면 인격의 변화가 일어납니다. 자기 중심에서 하나님 중심으로 그리고 다른 사람을 배려하는 마음으로 변화를 일으킵니다. 성령의 충만함을 받았던 초대 교회 성도들은 자신의 것을 나누었습니다. 성령의 역사만이 이런 변화를 가져다 줍니다. 성령의 충만함을 받아야 하겠습니다.

② 사랑의 마음으로 극복해야 합니다.

사랑은 이기주의를 극복하는 원동력입니다. 우리가 만일 형제를 사랑한다면 그를 나보다 높일 수 있습니다. 바울은 갈라디아서 5:13절에서 "오직 사랑으로 서로 종노릇 하라."고 가르치고 있습니다. 예수님이 나를 사랑하신 것을 생각하면 우리가 자신만을 사랑해서는 안될 것입니다.

③ 겸손과 섬김입니다.

예수님은 섬김을 받으려고 오신 것이 아니라 섬기려고 이 땅에 오셨다고 말씀하셨습니다. 그리고 제자들의 발을 씻겨 주셨고 인류의 죗값을 지시고 십자가에 달리셨습니다. 그리스도인의 아름다움은 섬김에 있습니다. 말없이 주를 위하여 주의 종을 섬기고 성도를 섬기는 교인들이 있습니다. 사람에게 드러나지 않아도 하나님께는 다 기억됩니다. 그리고 그의 섬김 대로 하나님이 갚아주십니다. 몇 년 전에 미국의 로스앤젤레스에서 흑인 폭동이 일어났습니다. 그 때 한국 교포들이 많은 피해를 보았습니다. 교포들이 경영하는 상점들이 불타고 물건들을 폭도들에게 약탈당하였습니다. 그런데 그 중에 흐뭇한 이야기의 주인공 교포가 한 사람 있었습니다.

흑인들이 이 교포의 집과 상점을 습격하려 할 때 주변의 흑인들이 이 집 앞에 나타나서 "이 한국인에게는 해를 끼치지 말라. 이 사람은 우리 흑인들에게 사랑을 베풀었고 평소에 소외된 흑인들을 위해서 희생적 삶을 산 사람이다."라고 변호하면서 그 교포를 구해주었습니다. 평소에 이기주의를 극복하고 내 이웃을 사랑하는 모범을 보였던 이 교포는 위급한 때에 보상을 받은 것입니다. 이기주의를 극복합시다. 그렇습니다. 이기주의를 경계하고 극복해야 신앙 생활을 잘할 수 있습니다.

◈ 생각해 봅시다.

1) 나의 삶의 언저리에 이기주의 사고 방식이 행동으로 어떻게 나타나는지 생각하여 봅시다.
2) 이기주의자들의 특징이 무엇입니까?
3) 어떻게 이기주의를 극복할 수 있습니까?
4) 성령을 받으면 인격의 변화가 일어납니다. 인격의 변화란 무엇입니까?

24주 / 영의 법칙으로 살아야 합니다.

누가복음 9:23-24

이 세상에는 크게 두 종류의 상반된 법칙이 존재합니다. 자연 법칙과 영적인 법칙입니다. 그리고 선의 법칙과 악의 법칙입니다. 하나님의 법칙과 사단의 법칙입니다. 한마디로 말하면 영의 법칙과 육의 법칙으로 대별되는 것입니다. 성도가 어느 법칙으로 살아야 하는 것은 더 말할 나위도 없이 영의 법칙인 하나님의 법칙을 따라 살아야 합니다. 바울도 육의 사람과 영의 사람이 있다고 말하였습니다. 육의 사람이란 육의 법칙대로 살아가는 사람을 의미합니다. 영의 사람이란 성령의 법대로 살아가는 사람을 의미합니다. 영의 법칙에는 다음 다섯 가지의 원리가 있습니다.

1. 믿음의 원리입니다.

마가복음 9장에 보면 귀신 들려 고생한 아이를 예수님께 데려온 아버지에 관한 이야기가 나옵니다. 귀신 들린 아이의 아버지는 아이의 병을 고치기 위해 얼마나 많은 노력을 기울였을까요? 하지만 이 세상의 방법은 모두가 다 허사였습니다. 그러는 가운데 주님을 만나게 되었고, 지푸라기라도 잡고 싶은 심정으로 "무엇을 하실 수 있거든 우리를 불쌍히 여기사 도와 주옵소서."라고 안타깝게 부르짖었습니다. 그러나 주님은 할 수 있거든이 무슨 말이냐 믿는 자에게는 능치 못함이 없느니라." 하시면서 믿음을 요구하셨습니다.

그 때 아이의 아버지는 "내가 믿나이다. 믿음 없는 것을 도와주소서."라고 고백하므로 아이의 병을 고치는 축복을 받습니다. 그렇습니다. 믿음은 기적을 일으킵니다. 믿음은 불가능을 가능케 하는 능력입니다. 그러므로 신자는 믿음의 법칙으로 살아야 합니다.

2. 순종의 원리입니다.

예수님은 "나더러 주여 주여 하는 자마다 다 천국에 들어갈 것이 아니요 하늘에 계신 아버지의 뜻대로 행하는 자라야 들어가리라."고 말씀하셨습니다(마 7:21). 그리고 누가복음 6:46절에서 "너희는 나를 불러 주여 주여 하면서도 어찌하여 나의 말하는 것을 행치 아니하느냐."라고 책망하였습니다. 그것은 주님의 말씀에 대한 순종이 없다는 것입니다.

순종은 행함입니다. 야고보 사도는 행함이 없는 믿음은 그 자체가 죽은 믿음이라고 말했습니다(약 2:17,26). 하나님의 말씀은 들어야 합니다. 그리고 깨달아야 합니다. 그리고 순종해야 합니다. 아브라함이 하나님께 복을 받은 것도 결국 하나님을 믿는 믿음을 행함으로 옮겼기 때문입니다(약 2:21).

3. 자기 부인의 원리입니다.

자기 부인이란 자기를 헌신하고 희생하는 것을 의미합니다. 현대인들은 남을 위해 자신을 희생하는 것을 큰 손해로 여깁니다. 그래서 결코 남을 위해 자기를 부인하거나 헌신하지 않습니다. 그러나 주님을 따르는 성도들의 삶은 그렇지 않습니다. 제자들의 삶에 요구되어지는 것이 바로 희생입니다. 주님은 "나를 따르려면 자기를 부인하고 날마다 제 십자가를 지고 나를 좇으라"고 말씀하셨습니다(눅 9:23). 주님을 더 잘 믿고 더 잘 섬기기 위해서 우리에게 필요한 것이 자기 부인입니다. 자신이 자신을 부인할 때 하나님이 그를 인정해 주십니다.

① 자기 부인은 자존심의 부인입니다.

문둥병을 고치려고 엘리사를 찾아갔던 나아만 장군은 자존심 때문에 하마터면 병을 고치지 못 할 뻔하였습니다. 그러나 자존심을 포기하고 선지자의 말에 순종하였을 때 문둥병을 고침받았습니다(왕하 5:1-14).

우리가 주님을 따르다 보면 자존심 구겨지는 일이 있을 수도 있습니다. 그러나 그것까지 부인해야 주님을 온전히 따르는 것입니다.

② 체면의 부인입니다.
체면 때문에 예수 못믿는 사람이 있습니다. 그런가 하면 체면 때문에 교회 나오는 사람도 있습니다. 체면은 사람에게 보이려는 생각입니다. 우리의 신앙이 체면의 수준에 머물러서는 안 됩니다.

③ 기득권의 부인입니다.
예수를 안 믿고 교회를 안 다니면 할 수 있는 일도 세상에는 많습니다. 그리고 때로 예수 믿는 것 때문에 누려야 할 것을 누리지 못하고 받을 것을 받지 못하는 경우도 있습니다. 그러나 그러한 것들은 세상의 것들입니다. 잠시 후면 썩어지고 없어지고 마는 것들입니다. 잠시 누릴 세상 것 취하려다가 영원히 누릴 것을 잃어버려서는 안됩니다. 오히려 영원한 것을 얻고 누리기 위해서 잠시 이 세상의 것을 포기하는 것이 믿음이요, 그리스도의 제자의 모습입니다.

4. 십자가 짐의 원리입니다.
십자가는 고난의 상징입니다. 예수 그리스도께서 우리 인생들을 위해 받으신 고난을 말하는 것입니다. 예수님은 "십자가를 지고 나를 좇으라."고 말씀하셨습니다(눅 9:23).

① 십자가는 고난입니다.
우리가 예수를 잘 믿으려고 하면 당연히 핍박이나 환난을 통한 고난이 따라옵니다. 사단은 죽은 믿음은 공격하지 않습니다. 열심히 믿으려고 애쓰는 살아 있는 믿음만 공격합니다. 그러기 때문에 좋은 믿음은 고난을 극복하는 믿음입니다. 주를 위해서라면 고난의 십자가도 달게 지는 것이 믿음입니다.

② 십자가는 사명입니다.

우리들에게는 누구에게나 사명이 있습니다. 사명이란 그 사람을 통해 이루시기 위해 하나님이 맡기신 일을 의미합니다. 그러므로 자신에게 주어진 사명을 잘 감당하는 것이 십자가를 지는 것이며 예수를 잘 믿는 길입니다.

③ 십자가는 중보입니다.

예수님은 십자가로 하나님과 인간 사이에 중보자가 되셨습니다. 우리가 십자가를 진다고 하는 것도 이 중보의 의미가 있습니다. 나라와 민족, 이웃과 사회를 위해 회개하며 기도하는 것입니다. 롯을 위해 기도하는 아브라함의 심정이 되어야 합니다(창 18:24-33, 19:29).

◈ **생각해 봅시다.**

1) 의심하지 않고 믿으면 어떤 일이 일어날 수 있습니까?(막 11:23)

2) 믿음은 언제 생겨지는 것일까요?(롬 10:17)

3) 믿음이 온전케 되기 위해서는 무엇이 필요합니까?(약 2:22)

4) 아브라함이 하나님의 벗이라 칭함을 받은 이유가 무엇일까요?(약 2:21-24)

5) 영의 법칙 다섯 가지 원리는 무엇입니까?

25주 / 순종을 잘해야 합니다.

창세기 22:1-19

    순종은 모든 축복의 문을 여는 열쇠이며 하나님께 쓰임받는 비결입니다. 강원도에 있는 예수원 원장인 토레이(Torray) 신부의 조부인 R. A. 토레이(Torray)가 쓴 「왜 하나님은 무디를 쓰셨는가」라는 책에서 하나님은 절대 순종의 사람을 쓰신다고 했습니다. 신앙 생활이란 하나님을 공경하고 섬기는 것인데 그것은 결국 순종을 통해서 나타납니다. 하나님께 순종하는 사람이 신앙 생활을 잘하는 것입니다. 창세기 12:1절에 보면 하나님께서 아브라함에게 고향 본토 친척 아비집을 떠나라고 하실 때 하나님의 말씀을 좇아갔다고 하였습니다. 그것은 하나님의 말씀에 대한 순종을 나타내는 것입니다. 그런데 아브라함의 순종은 그것으로 끝나지 않습니다. 어느 날 사랑하는 독자 이삭을 바치라는 하나님의 말씀을 듣고 그의 하나님께 대한 순종의 모습이 절정에 도달하게 됩니다.

    ① 즉각적인 순종입니다.

    창세기 22:3절에 "아브라함이 아침에 일찍이 일어나… 하나님이 자기에게 지시하시는 곳으로 가더니…"라고 하였습니다. "아침 일찍이"라는 말은 그가 지체하지 않는 순종을 보였다는 것입니다. 말씀에 대한 순종은 감동이 왔을 때 즉각적으로 행동에 옮겨야 합니다. 미루면 하나님의 명령 자체에 대한 의심이 생기고 희미해져 인간적인 생각이 앞서게 됩니다. 결국 지체하다가 불순종하게 되어집니다. 소돔과 고모라 성의 롯은 자신을 구원하려는 하나님의 은혜 앞에서 지체하다가(창 19:16-17) 그만 아내를 잃어버리는 불행을 당했습니다. 그러나 아브라함은 지체하지 않았습니다. 우리는 하나님의 명령 앞에 지체하거나 머뭇거리지 말고 순종하여야 한다.

② 의심하고 반문치 않았습니다.
하나님의 명령은 때때로 인간의 이성으로는 황당 무계하게 나타날 때도 있습니다. 아브라함이 받은 명령은 하나님 자신이 주신 이삭에 대한 약속에도 모순되는 것이었습니다. 이미 하나님은 창세기 15:4-5절에서, 그리고 24:3절에서 아브라함의 친아들 이삭을 통하여 후손을 하늘의 별과 같게 하리라고 하였는데 결혼도 하지 않은 이삭을 제물로 바치면 대가 끊어져 하나님이 아브라함에게 주셨던 약속은 거짓 내지는 물거품이 되고 말 것입니다. 인간의 머리로서는 도저히 납득할 수 없는 하나님의 처사였습니다. 그러나 아브라함은 하나님께 반문하지 않았습니다. 그저 순종하였습니다. 순종의 조건을 따지지 않았습니다. 순종하기 위해서 타당성 조사 같은 것을 하지도 않았습니다. 그저 전적인 신뢰로써 순종하였습니다.

③ 불평하지 않았습니다.
아들을 바치라는 하나님의 명령은 아브라함 입장에서 볼 때 충분히 불평할 수 있는 원인이 되는 것입니다. 주었다가 빼앗아 가는 격이 되기 때문입니다. 그러나 그는 불평하지 않았습니다. 원망과 불평 섞인 순종은 순종이 아닙니다.

순종에는 3종류가 있습니다.
항복적인 순종: 무서워서 하는 순종
복종적인 순종: 억지로 하는 순종
순종적 순종: 신뢰하고 기쁨으로 하는 순종

④ 진심에서 나온 적극적인 순종입니다.
그는 순종하지 아니할 핑계를 찾지 않았습니다. 순종하기 어려워도 하나님이 명령하셨으니 적극적으로 순종할 수 있는 방법을 찾았습니다. 이것

은 그의 믿음입니다. 마지못해서 하는 형식적 순종이 아니라 진심에서 우러나온 순종이었습니다. 다음의 세 가지가 그것을 잘 말해주고 있습니다.

나무를 쪼개어 준비했습니다(창 22:4).
무작정 가서 나무가 없어서 제사 못 드린다고 할 수도 있었을 것입니다. 그러나 그는 집에서 나무를 쪼개어 철저히 준비했습니다.

모리아 산에 올라갈 때 두 사환을 따라오지 못하게 하였습니다(창 22:3-5).
왜 그랬을까요? 그가 이삭을 잡아 제물로 바치려할 때 사환들이 막고 못하게 할까봐 그랬습니다.

이삭을 제단 나무 위에 올려 놓을 때 결박하였습니다.
그것은 아무리 이삭이 아버지 뜻에 따른다 하여도 자신이 죽게 될 때 무서워서 도망칠 수가 있기 때문입니다.

불순종할 핑곗거리를 찾으면 얼마든지 만들 수 있는 요소가 있었습니다. 그러나 그는 핑곗거리가 될 만한 것은 미리 제거하고 모리아 산으로 갔습니다. 그것은 그가 진심에서 나온 적극적인 순종을 하고 있다는 것을 보여주는 것입니다. 히브리서 11:8절에 "믿음으로 아브라함은 부르심을 받았을 때에 순종하여 장래 기업으로 받을 땅에 나갈 새 갈 바를 알지 못하고 나갔으며"라고 말했는데 갈 바를 알지 못하였지만 그는 그것을 불순종의 핑계로 삼지 않고 적극적으로 순종한 믿음의 소유자인 것입니다. 믿음의 사람은 순종의 방법을 찾습니다. 그러나 불순종의 사람, 불신앙의 사람은 핑곗거리만 찾습니다.

⑤ 사람과 의논치 않았습니다.
부인과 의논하지 아니했습니다. 만일 부인과 의논했더라면 마음이 약한 사라가 극구 말렸을 것이며 또는 적극적으로 방해를 했을지도 모르는 일

입니다. 그랬더라면 아브라함이 하나님의 말씀을 순종하는데 많은 어려움이 따랐을 것입니다. 그러나 아브라함은 어려운 순종의 길을 사람과 의논하지 않고 오직 하나님의 신실하심과 약속만 믿고 실천에 옮겼습니다. 바울도 처음 사역을 시작할 때에 혈육과 의논치 않았다고 말하고 있습니다(갈 1:16-17). 때로 나의 가장 가까운 사람이 하나님의 말씀을 순종하는데 걸림이 되는 일이 있습니다. 순종은 오직 주님만 보고 해야 합니다. 그럴 때 하나님은 그를 축복해 주십니다. 하나님의 말씀에 순종하는 자에게 어떤 복을 허락하셨습니까? 그것은 한마디로 바치고 도로 받는 복입니다. 도로 받되 다음과 같은 복을 덤으로 더 받았습니다.

- 하나님께 인정받는 복입니다(창 22:12).
- 여호와 이레의 복입니다(창 22:13-14).
- 자손의 복입니다(창 22:15-17).
- 복의 근원자가 되는 복입니다(창 22:18).

신앙 생활을 잘하고 못하고의 기준은 말씀에 대한 순종 여부에 달려있습니다. 말씀에 순종합시다.

◈ 생각해 봅시다.

1) 하나님이 제사나 제물보다 기뻐하시는 것은 무엇입니까?(삼상 15:22)
2) 순종에는 어떤 순종이 있습니까?
3) 아브라함이 하나님의 말씀에 순종한 것은 어떤 특징이 있습니까?
4) 순종하는 자에게 하나님이 어떤 복을 약속하였습니까?
5) 신앙 생활의 잘하고 못하고의 기준은 무엇입니까?

26주 / 하나님과 동사(同事)해야 합니다.

사무엘상 14:43-45

사울왕이 이스라엘의 초대 왕이 된 지 2년쯤 지나서 블레셋 군대와 큰 전쟁을 치르게 됩니다. 그런데 사무엘상 13:5절에 보면 블레셋 군대의 규모는 병거, 즉 요즘말로 말하면 전차가 3만대, 그 다음 기병, 즉 말탄 군사가 6천명, 그 외 군사는 아예 셀 수가 없어서 해변의 모래처럼 많았다고 했습니다. 그런데 이스라엘은 사울과 요나단 외에는 무기가 없었습니다(삼상 13:19-22). 숫자도 600명밖에는 안되었습니다(삼상 14:2). 싸워 봐야 질 것이 뻔한 전쟁입니다. 그런데 결과는 이스라엘이 대승리를 거두었습니다(삼상 14:16-23).

어떻게 그런 일이 일어났습니까? 이스라엘에는 하나님과 함께 일한 사람 요나단이 있었기 때문입니다. 45절에 보면 "그가 하나님과 동사하였음이니라."라고 말하고 있습니다. 동사하였다는 것은 함께 일하였다는 것입니다.

1. 하나님과 함께 일하는 사람의 특징은 어떻습니까?

신앙 생활을 잘하려면 우리의 삶이 하나님과 동사하는 생활이 되어야 합니다. 요나단처럼 하나님과 동사하는 사람은 어떠하여야 할까요?

① 목표를 세우고 그것을 향해 움직입니다.

사울의 군대와 블레셋의 군대는 상당한 시간 서로 대치하고 있었던 것 같습니다. 블레셋의 막강한 전력 앞에 누구 한 사람 용감히 싸우겠다고 나서는 사람이 없었습니다.

그때 요나단이 일어났습니다. 그리고 "우리가 건너편 블레셋 부대에게로 건너가자."(삼상14:1) 라고 말하였습니다. 아무것도 하지 않으면 아무 일도 안일어난다는 사실을 요나단은 알고 있었습니다.

그렇습니다. 우리도 무엇인가를 하기 위해 일어나야 합니다. 영적인 목표를 세우고 그것을 바라보며 전진하는 사람을 하나님은 쓰십니다.

② 영적 자존심과 긍지를 가지고 있습니다.

본문 6절에 보면 "우리가 할례 없는 자들의 부대로 건너가자."라고 요나단은 말하고 있습니다. 그는 블레셋을 향해 할례 없는 백성이라고 말했습니다. 이것은 "나는 할례 받은 하나님의 백성이다."라는 영적 자존심 선언입니다. 신앙 생활을 잘하려면 믿음의 자존심을 지킬 줄 알아야 합니다. 자아적인 자존심은 누가 조금만 건드려도 화를 내면서 기분 나빠하고 명예훼손이다 뭐다 하면서 싸움도 걸고 재판도 걸지만 자기의 믿음을 사탄이 와서 갈기갈기 다 찢어 놓고, 여지없이 짓밟고 다 빼앗아 가도 아무 반응도 없고 그저 편안하기만 하다면 이 사람은 병든 신앙, 죽어 있는 믿음이 아닐 수 없습니다. 하나님과 동사하는 사람은 신앙의 자존심 때문에라도 죄를 지을 수가 없습니다. 불신자들의 형통을 보면서 부러워하지도 않습니다.

그렇습니다. 하나님의 자녀요 세상의 빛과 소금이 된 영적인 자존심을 지킵시다.

③ 큰 믿음을 소유하였습니다.

요나단은 그야말로 큰 사람이었습니다. 무엇이 컸습니까? 믿음이 컸습니다. 그냥 믿음이 아닙니다. 큰 믿음입니다. 요나단이 무엇을 믿었습니까?

- 하나님의 일하심을 믿었습니다(6절).
- 사람의 수보다 하나님의 능력을 더 믿었습니다(6下).
- 작은 표징을 큰 확신으로 받아들였습니다(10절).

2. 하나님과 동사하는 사람이 받는 복

이와 같이 하나님과 동사(同事)하는 사람에게 어떠한 일이 일어나며 하나님의 축복은 무엇인지 알아봅시다.

① 하나님의 기적을 보게 됩니다.

하나님과 동사하는 믿음의 사람 요나단이 블레셋 진으로 들어 가는 순간 다음과 같은 놀라운 일들이 벌어졌습니다.

- 큰 지진이 발생하였습니다(15절).
- 블레셋 진중에 일대 혼란이 왔습니다. 그래서 자기들끼리 서로 죽이고 죽였습니다(19-20절).
- 블레셋에 귀화했던 히브리인들이 그들에게 반기를 들고 이스라엘로 돌아왔습니다(21절).
- 숨었던 모든 이스라엘 백성들이 사기가 충만해져서 전투에 참가하게 되었습니다(22절).

② 죽음의 자리에서도 건짐을 받습니다.

사울 왕은 그 날 어리석은 명령을 내렸습니다. 누구든지 하루종일 금식하며 싸우라는 것입니다. 이 명령을 어기는 자는 자기의 아들이라도 죽음을 면치 못할 것이라고 하나님 앞에서 맹세하였습니다(24-28). 그런데 요나단은 그 자리에 없어서 왕의 그 맹세를 알지 못했습니다. 하루 종일 블레셋과 전투를 했습니다. 백성들도 지치고 요나단도 지쳤습니다. 요나단은 숲속에서 벌꿀을 발견하고 그것을 지팡이 끝으로 조금 찍어서 입에 넣었습니다. 왕의 맹세를 어기게 된 것입니다. 그것 때문에 그는 죽게 되었습니다. 그러나 백성들이 들고 일어 났습니다.

사무엘상 14:45절에 "이스라엘에 이 큰 구원을 이룬 요나단이 죽겠나이까? 결단코 그렇지 아니하나이다 여호와의 사심으로 맹세하옵나니 그의 머리털 하나라도 땅에 떨어지지 아니할 것은 그가 오늘날 하나님과 동사하였음이니이다."라고 백성들 모두가 나서서 그의 변호사가 되어 주었습니다. 그래서 죽지 않게 되었습니다. 하나님의 축복입니다. 로버트 슐러 목사님의 딸이 교통사고로 한 쪽 다리를 잃었습니다. 의족을 하였지만 걸을 때는 절뚝거리는 모습에 남들이 보기에 안쓰러울 지경이었습니다. 그는 절뚝거리는 불편한 몸을 가지고서도 교회에서 맡은 일을 잘 감당하였습니다.

사람들이 자신을 염려하는 말을 할 때면 그는 이런 말을 했다고 합니다. "어떻게 걷느냐가 중요한 것이 아니라 중요한 것은 누구와 함께 걷느냐 입니다." 그렇습니다. 누구와 함께 걷느냐 그것이 문제입니다. 성도는 하나님과 함께 걸어야 하고 하나님과 함께 일하여야 합니다.

◈ 생각해 봅시다.

1) 하나님과 동사하는 사람의 특징은 무엇입니까?
2) 하나님과 동사하는 사람에게 주시는 하나님의 축복은 무엇입니까?
3) 당신은 직장이나 일터에서 하나님과 동사(同事)하고 있다고 생각하십니까?
4) 하나님과 동사하려면 구체적으로 어떻게 해야 할지 자신의 경우를 생각하여 말해 보십시오.

7월

영혼이 잘되기를 힘써야 합니다.

선교해야 합니다.-1

선교해야 합니다.-2

긍정적이고 적극적인 태도를 가져야 합니다.

절망하지 말아야 합니다.

27주 / 영혼이 잘되기를 힘써야 합니다.

요한삼서 1:2

사람들은 무엇이든지 잘되기를 원합니다. 사업가는 사업이 잘되기를 원합니다. 학생은 공부가 잘되기를 바랍니다. 부모는 자식이 잘되기를 간절히 소원합니다. 목회자는 교인들이 잘되기를 원합니다. 그런데 우리가 잘되기를 바라야 할 것들 중에서 가장 중요한 것이 바로 우리 자신들의 영혼입니다. 영혼이 잘되어야 합니다. 기독 성도들은 그 어느 것보다도 먼저 영혼이 잘되기를 힘써야 합니다.

1. 영혼이 잘되어야 하는 이유는 무엇입니까?

① 영혼이 육체보다 중요하기 때문입니다.

② 우리의 범사가 영혼의 문제와 직결되어 있기 때문입니다. 영혼이 잘되면 범사도 잘되고 영혼이 안되면 결국 범사도 잘못되기 때문입니다.

2. 영혼이 잘되기 위해서 어떻게 해야 할까요?

① 성령의 충만을 받아야 합니다(엡 5:16-18).

성령의 충만함이란 성령님을 지속적으로 모시고 성령의 힘을 의지하여 살아가는 생활을 의미합니다. 성령 충만에는 세 가지 종류가 있습니다.

- 감정적 충만입니다.
- 은사적 충만입니다.
- 인격적 충만입니다.

세 가지가 다 중요합니다. 그러나 무엇보다 중요한 것은 인격적으로 충만해야 합니다. 우리가 성령을 받으면 하나님의 자녀라는 신분적인 확신이 생기고 구원의 확신이 넘치게 됩니다. 그리고 성령이 충만하면 내적 확신이 외적 확신으로 바뀌어 죄와 사탄을 이길 수 있고 하나님의 일을 할 수 있는 능력이 생깁니다. 경찰이 되면 도둑을 잡을 수 있는 신분이 보장됩니다. 그러나 정말 도둑을 잡으려면 무술을 익히고 신체적인 힘을 길러야 실제로 도둑을 잡을 수 있는 것과 마찬가지입니다. 성도들 가운데 예수는 믿는데 아직 성령 충만하지 못하여 아무 능력도 없는 무기력한 신자들이 있습니다. 로켓을 타지 않고는 우주로 갈 수 없는 것처럼 성령 충만하지 않고는 죄를 이길 수 없습니다. 죄를 이기지 못하고는 우리 영혼이 잘될 수가 없습니다.

② 성령을 근심하게 하지 말아야 합니다.

에베소서 4:30절에서 "하나님의 성령을 근심하게 하지 말라."고 했습니다. 성령님은 예수 그리스도를 믿고 고백한 사람들의 마음속에 주소를 두고 사시는 분이십니다(고전 3:16). 그러기 때문에 근심하게 해서는 안됩니다. 성령은 인격적인 존재이므로 슬퍼하고 괴로워하십니다. 그러므로 성령에게 인격적 대우를 해 드려야 근심하지 않으시고 기뻐하시며 우리와 동행하시는 것입니다.

③ 성령을 좇아 행하여야 합니다.

바울은 갈라디아서 5:16절에서 "너희는 성령을 좇아 행하라."고 명령하였습니다. 그렇습니다.성도는 성령만 좇아 행하여야 합니다. 광야에서 이스라엘 백성들은 구름 기둥, 불기둥만 따라갔습니다. 오늘 믿음의 사람들은 성령만 좇아 행하여야 합니다. 성령을 좇아 행한다는 것은 성령의 음성을 듣는다는 것을 의미합니다. 고린도전서 15장 6절에 보면 예수님이 하늘로 승천하실 때에 그 자리에 있던 사람들은 500여 명이나 되었습니다. 예수님은 그들에게 "땅 끝까지 이르러 내 증인"이 되어 달라고 부탁을 하였습니다. 부탁 받은 500여 명의 사람들 중에 380명 정도는 집으로 돌아가고 120명 정도만이 남아서 열심히 기도하다가 오순절 날 아침에 성령의 충만함을 받고 초대 교회의 일꾼이 되었습니다.

즉 76%는 떠나가고 24%만이 주님의 음성을 좇았습니다. 성령의 음성을 좇아가야 영혼이 잘 될 수 있습니다. 예수님은 늘 말씀하실 때에 "그들과 이들", "저희와 너희", "무리와 제자들"로 구분하셨습니다. 성령의 음성을 듣고 성령을 좇아 사는 사람들을 그들이 아닌 "이들"이라고 부르시고 저희가 아닌 "너희"라고 부르실 것입니다. 성령의 음성을 듣고 성령을 좇아 행합시다. 그러면 우리의 영혼이 잘됩니다. 언제나 성령님이 나와 함께 행하심을 인정하고 그 분께 물어 보고 그 분의 뜻을 발견하고 그분의 뜻을 따라 살아가는 삶이 바로 성령을 좇아 사는 생활입니다.

④ 성령을 소멸치 말라입니다.

데살로니가전서 5:19절에 보면 "성령을 소멸치 말고"라고 말하였습니다. 성령을 소멸치 않는다는 것은 성령의 감동을 소멸치 않는다는 것을 의미합니다. 우리 안에 내주하고 계신 성령은 항상 말씀을 주시고 하나님의 영광을 위해 일할 것을 가르쳐 주시는 분입니다. 그것을 소멸치 말라는 것입니다.

우리 교회 어느 집사님의 간증입니다. 25만원의 돈이 생겼습니다. 감사해서 십일조와 감사헌금을 떼어놓고 남은 돈에서 평소 문서 선교를 위해 헌신하고 있는 어느 선교 단체에 우표를 100장 보내라는 성령의 감동이 왔습니다. 그런데 우체국으로 가는 도중 아까운 맘이 들었습니다. 50장만 보내기로 마음먹었습니다. 그리고 우체국에 도착해서 돈을 부치려고 주머니에 손을 넣었습니다. 그런데 이게 웬일입니까? 분명 집에서 나올 때에 17만원을 고스란히 주머니에 넣고 나왔는데 한푼도 없이 없어진 것입니다. 우체국까지 오는 길에 잃어버린 것이 분명했습니다.

집사님은 순간적으로 깨달았습니다. 그리고 하나님께 인색하였던 것을 회개하면서 황급히 갔던 길로 되돌아오는 데 길 옆에 그 돈이 고스란히 놓여 있었습니다. 그 집사님은 성령의 음성에 순종치 못한 것에 대해 회개하면서 감사의 눈물을 흘렸습니다. 성령의 감동을 소멸하지 않는 것이 바로 영혼이 잘되는 비결입니다. 그렇습니다. 먼저 영혼이 잘 되어야 신앙 생활을 잘할 수 있습니다. 그러기 위해서는 성령의 충만함을 받아야 합니다. 그리고 성령을 근심하게 해서도 안됩니다. 성령을 좇아 행하고 성령의 감동을 소멸치 말아야 합니다. 그러면 영혼이 잘되고 신앙 생활을 잘 하게 될 것입니다.

◆ 생각해 봅시다.

1) 왜 우리의 영혼이 먼저 잘되어야 합니까?

2) 성령을 좇아 행한다는 것은 어떤 의미입니까?

3) 때때로 성령이 주신 감동을 소멸한 적이 있습니까?

4) 성령이 근심하는 때는 언제일까요? 다음의 성경구절에서 찾아봅시다.

　① 엡 4:30-32

　② 창 6:5-6

　③ 삼상 15:11

28주 / 선교해야 합니다.-1

마태복음 24:14

얼마전까지만 해도 선교라는 말은 듣기에 좀 생소한 말처럼 느껴졌습니다. 열심히 전도하면 됐지 무슨 선교냐는 식으로 선교(mission)라는 말은 전문 선교사들이나 쓰는 말로 인식되었던 것이 사실입니다. 그러나 교회는 선교 때문에 존재합니다. 교회의 본질은 선교이며 성도는 그리스도의 증인이 되어야 합니다. 이 사실은 부활하신 주님께서 직접 하신 말씀 속에 잘 드러나 있습니다(마 28:19-20 ; 막 16:15 ; 눅 24:47-48 ; 요 20:21 ; 행 1:8).

1. 선교란 무엇입니까?

선교라는 말은 "널리 알린다, 소식을 전하고 가르친다."라는 말뜻을 가지고 있습니다. 예수 그리스도를 믿으면 구원을 얻는다는 복된 소식을 온 세상에 널리 알리고 가르친다는 의미인 것입니다. 이 말은 흔히 사용하는 전도라는 말과 비슷하지만 몇 가지 같은 점과 다른 점이 있는 것을 알 수 있습니다.

① 같은 점

영혼을 구원하는 일입니다. 주님의 명령입니다. 교회의 사명입니다.

② 다른 점

전도는 문화와 언어가 같은 자국민을 대상으로 하지만 선교는 언어와 역사가 다른 타 문화권의 영혼을 대상으로 합니다. 전도는 후원자가 없어도 되지만 선교는 후원자 없이는 거의 불가능합니다. 성경에서 '선교'라는 단어는 나오지 않습니다. 그러나 삼위일체라는 말이 성경에 한 번도 나와 있지 않지만 증명되고, 기독교 신앙과 신학의 중요 내용이 되듯이 선교라는 말 역시 성경 전체를 통하여 증명되고 강조되어진 성경의 중요한 기둥인 것입니다.

2. 왜 선교를 해야 합니까?

교회가 선교를 해야 하는 다음과 같은 아홉 가지 이유가 있기 때문입니다.

① 주인의 명령이기 때문입니다.

교회의 주인은 주님이십니다. 주인의 명령은 절대적인 것입니다. 주인의 명령을 받들지 않는 종은 이미 종이 아닙니다. 그러므로 선교는 주님이 승천하실 때에 우리에게 주신 최후의 유언이요, 최대의 명령이며 위대한 위임(The Great Commission)입니다.

② 주님의 최대 관심사이기 때문입니다.

주님은 오직 영혼 구원을 위해 이 땅에 오셨고 사셨으며 죽으셨습니다. 그리고 그것을 위해 부활하셨고 하늘로 가셔서 보혜사 성령을 통해 지금도 일하시고 계십니다. 주님의 최대의 관심은 죄악 가운데 죽어 가는 인생들을 구원하시는 것이었습니다. 그렇다면 우리가 어떻게 해야 할까요? 주님의 관심에 관심을 보이는 자가 바로 진정한 그리스도인이 아닐까요?

③ 주님의 마지막 유언이기 때문입니다.

선교의 명령은 주님이 마지막으로 승천하시면서 당부하고 가신 것입니다.

④ 예수 외에는 구원의 길이 없기 때문입니다.

예수가 아니라도 구원받을 수 있는 길이 하나라도 있다면 구태여 예수 믿으라고 복음을 전할 필요가 없을 것입니다. 그러나 인간이 구원받을 수 있는 길은 오직 예수 믿고 죄 사함 받는 길밖에 없습니다(요 14:6 ; 행 4:12). 그러므로 타 종교인이나 무종교인 누구에게나 예수밖에는 구원의 길이 없기 때문에 우리는 길이시며 생명이신 예수 그리스도의 진리를 전하지 않을 수 없는 것입니다.

⑤ 오순절 성령강림의 목적이 선교입니다(행 1:8).

사도행전 8:1-2절을 보면 예루살렘 교회에 큰 핍박이 나서 성도들이 다 유대와 사마리아와 모든 땅으로 흩어지고 예루살렘 교회는 사도들만 남게 되었다고 하였습니다. 그 이유는 무엇일까요? 그것은 선교하지 않았기 때문입니다. 그들은 사도행전 1:8절의 명령을 받았으면서도 복음을 유대인에게만 전하였습니다(행 11:19). 그래서 하나님은 환난을 통하여 예루살렘 성도들을 온 세상에 흩어지게 만들었습니다. 예루살렘에 사도 외에는 아무도 남아 있지 않았습니다. 교회이든 개인이든 선교하지 않으면 여러 가지 문제에 부딪히게 됩니다. 사도행전 1:8절의 예수님의 명령을 제자들이 감당하지 않자 박해가 임하여 뿔뿔이 흩어집니다. 그리고 8:1절에서 1:8절의 말씀이 이루어지고 있습니다. 선교하지 않으면 망합니다.

⑥ 선교할 때 큰 부흥이 있고 복이 있기 때문입니다.

안디옥 교회는 최초로 이방에 선교사를 파송한 교회였습니다(행 13:1-3). 하나님은 안디옥 교회가 선교를 감당할 수 있도록 놀라운 부흥을 주셨습니다. 양적으로 질적으로 부흥하였습니다.

양적 부흥
- 이방인에게도 복음 전함(행 11:20, 13:48).
- 수다(數多)한 사람이 믿게 됨(행 11:21).
- 큰 무리로 부흥(행 11:24).

질적 부흥

- 좋은 소문이 퍼져나감(행 11:22).
- 최초로 그리스도인이라고 불림(행 11:26).

선교 때문에 부흥한 것입니다. 선교하면 개인은 복을 받고 교회는 부흥합니다. 하나님이 가장 기뻐하는 일을 하는 것이기 때문입니다.

⑦ 주님의 재림을 준비하는 일이기 때문이다.

마태복음 24:14 천국 복음이 모든 민족에게 증거되어야 세상의 끝 즉 주님의 재림이 이루어집니다.

⑧ 우리의 사명이며 지금이 기회이기 때문입니다.

천국에 가서는 선교할 필요가 없습니다. 지상 교회에게만 부여해 주신 특별한 사명입니다. 선교 대상 국가들의 경제 성장이 앞으로 선교의 길을 막습니다. 세계곳곳의 저개발 국가들에게 지금이 선교하기에 가장 좋은 때입니다. 에밀 브루너(Emil Brunner)는 "불이 타오름에 의해서 존재하는 것 같이, 교회는 선교에 의해서만 존재한다"고 하였고, 뉴비긴(Lesslie Newbigin)은 "교회가 선교의 사명을 잃었을 때 더 이상 교회라고 할 수 없다"라고 하였습니다. 선교하는 교회, 선교하는 성도가 되어야 하겠습니다.

◆ **생각해 봅시다.**

1) 전도와 선교의 차이점과 같은 점은 무엇입니까?
2) 당신은 선교에 어느 정도 관심이 있습니까?
3) 전도와 선교 어느 것이 더 먼저일까요?
4) 안디옥 교회와 예루살렘 교회와의 차이점은 무엇입니까?
5) 선교를 해야 하는 이유는 무엇인가요?

29주 / 선교해야 합니다.-2

로마서 10:13-17

미국의 휴스톤 감리교회의 찰스 알렌 목사님이 자기 교회 교인들의 성향을 조사하여 분석하여 보았습니다. 그랬더니 교인으로 등록을 했지만 20%는 주일 예배에 성실히 출석하지 않고 있었고, 25%는 기도생활을 하지 않고 있었으며, 35%는 성경을 전혀 읽지 않고 있었으며, 40%는 일정한 헌금을 드리지 않았고, 75%는 교회에서 어떤 책임도 지지 않고 있었으며, 85%는 단 한 사람도 전도하지 못했다는 것입니다. 그런데 놀라운 것은 100% 모두가 천국 가는 것은 원하고 있었다는 사실입니다. 어쩌면 이것이 우리의 모습인지도 모르겠습니다.

신앙 생활은 내 욕망을 만족시키기 위함이 아닙니다. 주님의 필요에 응답하는 것입니다. 주님의 필요에 응답하는 것은 주님의 마지막 명령, 즉 영혼 구원 명령에 응답하는 것입니다. 문화와 언어, 역사가 같은 내국인을 구원하는 것은 전도입니다. 타 문화권의 나라에 가서 전도하는 것은 선교입니다. 주님은 땅 끝까지 가서 만민에게 복음을 전하라고 했습니다. 즉 선교명령인 것입니다. 이 선교명령은 우리의 최대의 관심사가 되어야 합니다. 지난 시간의 "선교란 무엇인가?", "왜 선교해야 하는가?"에 이어 이번 시간엔 세 번째로 어떻게 선교해야 하는가에 대하여 말씀을 나누겠습니다.

1. 어떻게 선교해야 합니까?

이 질문에 대하여 선교학적 측면에서의 거창한 방법론을 말하려는 것이 아닙니다. 단지 주를 사랑하는 마음으로 가슴이 뜨거워진 성도들이 생활 속에서 실제로 실천할 수 있는 방법이 무엇일까를 생각하여 적용하고 자 하는 것입니다.

① 가는 선교사가 되는 것입니다.

이것은 직접 선교사로 헌신하는 것을 의미합니다. 주님께서 "가라"고 말씀하신 명령을 직접 몸으로 실천하는 것입니다. 그러나 여기에는 주님의 특별한 소명과 사명감이 필요합니다. 소명이란 주님께서 나를 선교사로 부르셨느냐 하는 것입니다. 대개 소명이 있는 자에게 사명감이 생깁니다. 사명감이란 "선교사가 되지 않으면 안된다"라는 절박한 신앙고백을 의미합니다. 하나님이 부르신 자는 본인에게 이 사명감을 주십니다. 사명감이 없이 선교사가 되면 자신을 헌신하지 못합니다. 자신의 목숨을 주를 위해 내어놓을 수 있는 것은 주님의 부르심에 대한 확실한 사명감이 있을 때에 가능한 것입니다. 바울은 이 사명감으로 가득 찬 사람이었습니다. 그는 고백합니다. 복음을 전하는 일을 위해서는 자신의 생명도 귀한 것으로 여기지 않고(행 20:24) 예수의 이름을 위하여는 죽을 것도 각오하였다고 말입니다(행 21:13).

② 보내는 선교사가 되는 일입니다.

하나님은 성도 모두를 외지로 파송하는 선교사로 부르시는 것은 아닙니다. 하나님은 헌신한 선교사로 파송되고 지원할 사람을 찾고 있습니다. 이것을 간접 선교방법이라고 할 수 있을 것입니다. 보내고 후원하는 것도 가는 것만큼이나 중요합니다. 보내는 자 없이 갈 수 없기 때문이며 지원하는 자 없이 외지로 나간 자들이 사역을 감당할 수 없기 때문입니다. 그러기에 바울은 로마서 10:15절에서 "보내심을 받지 아니하였으면 어찌 전파하리요"라고 하였습니다. 보내고 후원하는 자가 있어야 복음이 널리 전파될 수 있습니다. 보내는 선교사역은 다음과 같은 방법으로 감당할 수 있습니다.

관심입니다.

우리가 잘 먹고 편히 쉬고 있을 때 내가 가야 할 낯선 오지에 찾아가서 나를 대신하여 복음을 위해 수고하시는 선교사님들이 있음을 기억해야 합니다. 그들도 쉬고 싶고 좀더 안전한 곳에서 편하게 살고 싶은 욕망이 있습니다. 그러나 사명 때문에 남이 가기 싫어하는 곳을 기쁜 마음으로 찾아간 사람들입니다. 그들의 수고와 노고를 알아주고 격려하는 것은 그들의 사기를 북돋아 결국 하나님의 일을 잘하게 하는 것이기 때문에 우리가 할 수 있는 간접 선교입니다.

기도입니다.

기도 선교를 말합니다. 기도 선교란 선교 현장과 선교사님들을 위해 정기적으로 또는 무시로 기도하면서 관심을 갖는 것을 말합니다. 실제로 선교현장은 치열한 영적 전투가 벌어지는 곳입니다. 선교사님들은 십자가의 군병으로 전투가 치열한 최전방에 파송된 전투병입니다. 그러므로 그들을 홀로 두면 지치고 약해지고 쓰러집니다. 후원자들이 쉬지 않고 기도하는 것은 전방부대를 지원하는 후방 부대의 역할입니다. 실례로 선교사님들의 편지를 받거나 전화 통화를 할 때면 언제나 듣게 되는 말이 있습니다. "기도해 주십시오"라는 것입니다. 교회사의 대 선교사였던 바울도 골로새서 4:3절에서 성도들에게 전도할 문을 열어줄 것을 위해 간절하게 기도해 달라고 기도 부탁을 하고 있는 것을 볼 수 있습니다. 하루에 한 번씩 선교사님들을 위해 기도합시다. 지금 전 세계에 약 20만 명의 선교사님들이 활동하고 있으며 우리 나라에서 파송된 선교사님들도 5천여 명에 이르고 있습니다. 이들을 위해 우리가 기도의 짐을 서로 져야 합니다.

격려입니다.

대개 현지에서 사역하는 선교사님들은 예상할 수 없는 어려움에 언제나 노출되어 있는 상태입니다. 영적으로 재충전할 기회도 많지 않고 언제나 사단의 세력과 영적인 싸움을 싸워야 하기 때문에 영적으로 곤고할 때가 많습니다. 그리고 자기를 파송한 교회와 후원자들에 대한 사역의 실적에 대한 부담이 언제나 마음을 억누르게 됩니다. 그러므로 지원자의 따뜻한 격려의 편지나 위로의 말들은 때로 청량음료와 같은 역할을 하게 됩니다.

물질로 할 수 있습니다.

외지에 나가서 선교하는 것은 많은 물질이 필요합니다. 선교사가 현지에 가기 위해서는 비행기표도 필요하고, 언어 훈련 또는 교회를 개척하는 사역을 위해서 많은 물질이 필요합니다. 선교사 자신과 가족의 생활비도 필요합니다. 그리고 노후 보장도 해주어야 합니다. 그러기 위해서 물질이 필요합니다. 선교사에게 가기를 바라면서 물질적으로 지원하지 않는다면 그들이 갈 수 없을 뿐 아니라 가서 선교에 전념하지 못할 것입니다. 내가 갈 수 없으니 내 대신 보내는 것이 물질 선교입니다. 돈은 그것으로 많은 일을 하게 합니다. 그것으로 술을 마실 수도 있고, 세상을 즐길 수도 있습니다. 죄짓는 일에도 쓸 수 있습니다. 어디에 쓰느냐에 따라서 선이 되기도 악이 되기도 합니다. 배는 물위에 떠 있어야 합니다. 배가 물 속에 가라앉으면 배는 물 때문에 망하게 됩니다. 마찬가지로 인간이 물질을 선하게 관리하고 사용해야지 영혼이 물질의 욕심에 침몰되어서는 안됩니다. 그것 때문에 영혼이 망하게 되기 때문입니다. 물질사용에 있어서 나의 소유를 하나님께 드리고 영혼 구원하는 일에 쓰는 것보다 더 가치 있고 복 있는 일은 없습니다. 그렇습니다. 하나님은 우리를 모두 선교사로 부르셨습니다. 가십시오. 그렇지 못하겠거든 보내십시오.

◆ 생각해 봅시다.

1) 간접선교란 무엇이며 어떤 방법으로 참여할 수 있을까요?
2) 선교사님들을 격려할 수 있는 방법에는 무엇이 있을까요?
3) 당신의 수입 중 선교와 하나님 나라를 위해 드리는 비율은 몇 % 입니까?
4) 가는 선교사란 무엇입니까?
5) 선교사로서의 소명감과 사명감은 무엇입니까?

30주 / 긍정적이고 적극적인 태도를 가져야 합니다.

빌립보서 4:13

죄를 지어 감옥에 갇히게 된 두 사람이 있었습니다. 이 두 사람은 같은 감방에서 몇 년을 보냈습니다. 그런데 한 사람은 언제나 창 밖의 하늘을 쳐다보며 시를 짓기에 몰두했습니다. 푸른 하늘에 떠가는 구름을 쳐다보면서 혹은 반짝이는 별들을 쳐다보면서 주옥 같은 시들을 만들었던 것입니다. 그러나 다른 한 사람은 언제나 땅만 쳐다보며 원망과 불평으로 하루하루를 보냈습니다. 비가 오면 더욱 진흙탕이 되는 땅, 또 날이 개어도 항상 먼지만 자욱하게 일어나는 땅을 바라보면서 자신을 자학하며 파괴했습니다. 그 후 그 두 사람은 각각 출옥을 하게 되었는데 하늘을 보면서 아름다운 시를 지은 사람은 한 권의 시집을 출간하는 보람과 환희를 맛볼 수 있었고, 땅을 바라보며 자신을 학대하던 사람은 정신 분열증을 일으키다가 결국 정신 병원에 입원해야 하는 처참한 상황 속에 놓이게 되었다는 것입니다.

예수 믿는 사람은 언제나 긍정적이고 적극적인 사고 방식을 가지고 생활해야 합니다. 그래야 신앙 생활을 잘할 수 있습니다. 그리스도인이 매사에 긍정적이고 적극적일 수 있는 3가지 이유가 있습니다.

1. 전능하신 하나님이 계시기 때문입니다.

우리가 믿는 하나님은 입이 있어도 말하지 못하고 귀가 있어도 듣지 못하며 손과 발이 있어도 움직이지 못하는 세상의 우상과 같은 존재가 아닙니다.

우리가 믿는 하나님은 영원 전부터 살아 계셔서 우주를 창조하시고 세상의 역사를 주관하며 심판하시고 인생의 생사 화복을 주장하시는 전능하신 하나님이십니다.

성도는 그러한 하나님을 아버지로 모시고 사는 사람들입니다. 그러므로 우리의 삶이 아무리 어렵고 절망적이라고 하여도 부정적인 사고방식을 가지면 안됩니다. 아무리 어려운 일, 힘든 일, 괴로운 일들이 우리 앞을 막아도 하나님이 한 번 개입하시면 멋있는 역전의 드라마를 만들어내실 수 있는 것입니다. 그러므로 로마서 8:28절에 하나님의 뜻대로 부르심을 입은 사람들에게는 모든 것이 합력하여 선을 이루신다고 하셨습니다.

전능하신 하나님을 아버지로 모신 자들은 결코 낙심하거나 포기하지 않으며 절망하지 않습니다. 능력주시는 주님 안에서 무엇이든 할 수 있다는 긍정적인 생각을 갖고 움직이게 되어있습니다(빌 4:13).

2. 기도의 응답이 있기 때문입니다.

이 땅에 있는 성도들에게 있는 가장 큰 자본은 물질이 아닙니다. 어떤 재능이나 능력도 아닙니다. 그것은 하나님의 보좌를 움직일 수 있는 기도의 능력입니다. 그러므로 성도가 기도할 수 있다는 것은 그가 가진 그 어떤 것보다 더 큰 힘이며 자본입니다.

요한복음 14:13절에 보면 "너희가 내 이름으로 무엇을 구하든지 내가 시행하리니 이는 아버지로 하여금 아들로 인하여 영광을 얻으시게 하려 함이라"고 하였습니다. 그리고 요한복음 14:14절에는 주님께서 "내 이름으로 무엇이든지 내게 구하면 내가 시행하리라"라고 분명한 약속을 하셨습니다.

성경의 원리에 의하면 기도 응답은 부정이나 긍정의 문제가 아니라 당연한 것입니다. 믿음의 기도는 100% 응답 받는다는 사실은 해가 뜨면 낮이 된다는 것처럼 당연한 것입니다. 그러기에 마가복음 11:24절에서 "무엇이든지 기도하고 구하는 것은 받은 줄로 믿으라 그리하면 너희에게 그대로 되리라."라고 말씀하셨던 것입니다. 그러므로 기도하는 믿음의 사람은 문제가 생기면 부정적으로 생각하여 절망하기에 앞서 기도합니다. 그리고 긍정적인 생각을 하고 긍정적으로 선포합니다.

3. 입으로 시인한 대로 이루어지기 때문입니다.

사람이 입으로 어떤 내용을 반복하여 말할 때 그 내용이 그대로 머릿속에 각인되어집니다. 그리고 각인되어진 말은 사상이 되고 그 사상은 행동을 유발하여 말한 대로 이루어지게 되는 것입니다. 그래서 말을 함부로 하면 안됩니다. 특히 믿는 성도들의 말은 영적 능력이 있습니다. 말한 대로 이루어진다는 것입니다.

잠언 13:2절에는 사람은 입의 열매로 복을 누리게 된다고 말하고 있습니다. 그래서 예수님은 제자들에게 어느 집에 들어가든지 먼저 평안을 빌라고 하였습니다(눅 10:5-6). 왜냐하면 말한 그대로 이루어지기 때문입니다. 그러므로 성도들은 말조심 해야 합니다. 자기 입으로 시인한 대로 이루어집니다. 로마서 10:10절에 "입으로 시인하여 구원에 이른다"고 했습니다.

설사 부정적, 회의적, 불신앙적인 것이 순간적으로 떠오른다고 하여도 입술로는 절대 열매 맺게 해서는 안됩니다. 그리고 긍정적이고 적극적인 말을 많이 해야 합니다.

미국의 로버트 슐러 목사는 이런 말을 했습니다. "만일 바위가 앞에 막히면 그것을 넘어가라. 그것이 안되면 산을 뚫고 가라. 그것도 안되면 하나님께 기도하여 금덩이로 만들어 버려라."라고 말입니다.

무하마드 알리는 버그너와의 한 번 경기에서 250만 불을 획득한 유명한 권투 선수입니다. 그는 "나비처럼 날아서 벌처럼 쏘겠다."라는 명언을 남겼는데 나중에 그는 고백하기를 "나의 승리의 반은 주먹의 힘이었고, 반은 적극적 태도였다."라고 하였습니다. 하나님은 긍정적이고 적극적인 사람을 쓰시고 축복해 주십니다. 그러므로 성도는 말에 있어서는 긍정적이고 행동에 있어서는 적극적이어야 합니다.

◈ **생각해 봅시다.**

1) 우리가 쓸 수 있는 긍정적인 말들은 무엇이 있을까요?

2) 우리의 신앙 생활에서 취할 수 있는 적극적인 태도에 대해서 말해 봅시다.

3) 긍정적이고 적극적일 수 있는 3가지 이유는 무엇입니까?

4) 성도들에게 있는 가장 큰 자본은 무엇입니까?

31주 / 절망하지 말아야 합니다.

시편 84:5-6

산에 올라가 본 경험이 있는 분들은 알 수 있습니다. 산에는 골짜기가 있고 골짜기를 올라가면 정상이 있습니다. 그리고 정상에 서면 또 다시 내려가 골짜기를 만난다는 것입니다. 우리가 인생길을 살아갈 때도 마찬가지입니다. 때로는 삶의 정상에 서서 만세를 부를 때도 있습니다. 그러나 어둡고 쓸쓸한 인생의 골짜기를 통행할 때가 어쩌면 더 많은 지도 모릅니다.

본문에 눈물의 골짜기라는 말이 나옵니다. 성도들도 눈물의 골짜기를 통행할 때가 있다는 것입니다. 사실은 주님의 뒤를 따르는 길이 눈물 없이는 갈 수 없는 길입니다.

1. 눈물의 골짜기는 무엇을 의미할까요?

① 실패의 현장을 의미합니다.

장자권을 소홀히 여긴 에서는 하나님의 축복을 받는 일에 실패하였습니다. 그래서 그는 방성대곡하며(창 27:34) 울었습니다. 몸과 마음을 바쳐 계획하고 힘쓰던 일들이 실패로 돌아갈 때 눈물의 골짜기를 걷는 때입니다.

② 절망의 현장을 의미합니다(왕상 19:4).

엘리야는 하나님의 위대한 선지자였지만 계속되는 아합왕과 그의 부인 이세벨의 핍박에 지쳐버렸습니다. 자신의 힘으로 더 이상 버틸 수 없다는 것을 깨달은 그는 광야로 들어가 로뎀나무 아래 앉아서 하나님께 자신의 생명을 데려가 달라고 기도합니다. 그는 몸과 마음이 지쳐 실의와 좌절에서 헤어나오지 못하고 하나님께 죽음을 간구하였던 것입니다. 엘리야는 절망의 골짜기를 만났던 것입니다.

우리 인생들도 마찬가지입니다. 가도 가도 끝없는 인생의 절망 속에서 때로는 지쳐 자포자기하며 좌절할 때가 있습니다. 그 때 눈물의 골짜기로 통행하게 되는 것입니다.

③ 고난의 현장을 의미합니다.

야곱은 바로왕에게 자신의 나이를 말하면서 험악한 세월을 살아왔다고 고백하였습니다(창 47:9). 인생길 전체에 고난의 함정들이 복병처럼 곳곳에 도사리고 있습니다. 질병이나 각종 재난으로 고난을 당합니다. 인간들의 악함으로 인해 고난은 더 무거워집니다.

2. 눈물 골짜기를 만날 때 어떻게 해야 할까요?

성도가 원치 않는 눈물의 골짜기를 통과하게 되었다 할지라도 신앙 생활을 잘하려면 어떻게 해야할까요? 성경에 그 해답이 있습니다.

① 낙심하지 말아야 합니다.

신앙 생활을 잘하려면 눈물의 골짜기를 만날지라도 결코 낙심하거나 절망하지 말아야 합니다. 절망은 사탄이 주는 것입니다. 믿음에는 낙심이란 단어가 없습니다. 바울은 고린도후서 4:8절에서 "우리가 사방으로 우겨쌈을 당하여도 싸이지 아니하며 답답한 일을 당하여도 낙심하지 아니하며…"라고 고백하고 있습니다. 사방으로 우겨쌈을 당해도 낙심치 않는 것이 바로 믿음입니다. 주를 믿고 따르는 길에 여러 가지 어려움이 있으나 낙심치 맙시다. 왜냐하면 때가 이르면 눈물로 뿌린 씨앗들을 거두게 하실 것이기 때문입니다(갈 6:9 ; 시 126:6).

세계 최고봉 8천 7백 미터 높이의 에베레스트를 최초로 정복한 사람은 에드먼드 힐러리라는 사람입니다. 그는 1952년에 한 차례 도전하였다가 실패하고 말았습니다. 실패한 후에 그는 이렇게 외쳤습니다.

"에베레스트여, 처음에는 네가 나를 이겼다. 그러나 다음 번에는 내가 널 이기겠다. 왜냐하면 넌 이미 성장을 멈췄지만 난 계속해서 성장하고 있기 때문이다."라고 말입니다. 그리고 다음해 5월 29일에 에드먼드 힐러리는 세계 최초의 에베레스트 등반자로 역사 속에 기록되어 있습니다. 어떤 경우에도 낙심하지 않는 사람이 승리합니다. 왜냐하면 낙심하지 않는 사람을 하나님이 도와주시기 때문입니다.

② 주께 힘을 얻어야 합니다.

대개 사람들은 자기 인생에 눈물의 골짜기를 만나면 부모나 형제 친척 또는 친구에게 도움을 구합니다. 그러나 그들은 약간의 위로나 물질적인 협력을 줄 수 있을지 몰라도 근본적인 도움은 주지 못합니다. 죽음 앞에 서 있는 사람에게 누가 생명을 주며 그 두려움을 이길 수 있는 힘을 준단 말입니까?

전능하신 하나님만이 눈물의 골짜기를 걸어가는 인생에게 진정한 힘이 될 수 있습니다. 이를 위하여 하나님의 아들 예수 그리스도께서 십자가에 달리셨고 오늘날 믿는 우리에게 무한한 능력과 권능을 공급하고 계십니다. 그래서 시편기자는 시편 43:5절에서 이렇게 고백합니다. "내 영혼아 네가 어찌하여 낙망하며 어찌하여 내 속에서 불안하여 하는고 너는 하나님을 바라라 나는 내 얼굴을 도우시는 내 하나님을 오히려 찬송하리로다." 라고 말입니다. 주를 바라보는 자는 주께서 힘을 주십니다. 그래야 눈물의 골짜기를 성공적으로 통과할 수가 있습니다.

③ 마음에 시온의 대로가 열려야 합니다.

시온의 대로란 무엇을 의미하는 것일까요? 하나님께로 나아가는 길입니다. 우리에게는 하나님께로 나아가는 길이 열려 있습니다. 하나님과 인간의 화목제물 되신 예수의 피가 우리를 흠 없고 점 없이 하나님께 나아가게 합니다. 그리고 그 피를 믿는 마음이 열려야 합니다. 이것은 믿음의 기도를 의미합니다. 하나님과 통하는 믿음의 기도가 시온의 대로입니다.

그렇습니다. 현재의 삶이 눈물의 골짜기 같을 지라도 낙심하지 맙시다. 그리고 힘이 되신 하나님만 바라봅시다. 그러면 눈물 골짜기가 변하여 샘이 흐르는 축복의 골짜기로 바뀔 것입니다.

◈ **생각해 봅시다.**

1) '눈물의 골짜기'는 무엇을 의미합니까?
2) 자신의 삶에서 '눈물의 골짜기'라고 생각되는 일들이 무엇입니까?
3) 그렇다면 그 눈물의 골짜기를 지나는 방법이 무엇일까요?

8월

시험에 합격해야 합니다.

범사에 감사해야 합니다.

변화되어야 합니다.

항상 기뻐해야 합니다.

32주 / 시험에 합격해야 합니다.

야고보서 1:2-4

창세기 22장 1절에 보면 하나님께서 아브라함을 시험하시려고 부르셨다는 말씀이 있습니다. 하나님께서 때로는 성도들을 시험하신다는 것을 나타내는 것입니다. 시험은 언제나 있습니다. 그러나 중요한 것은 시험을 받아도 시험에 들지는 말아야 합니다. 예수님께서도 우리를 위해 기도문을 가르쳐 주시면서 "시험에 들게 하지 마옵시며."라고 기도하라고 하셨습니다. 그리고 피곤에 지친 제자들에게 "시험에 들지 않게 깨어서 기도하라"고 말씀하였습니다.

1. 시험의 의미는 무엇입니까?

하나님이 성도들에게 주시는 시험은 헬라어로 "페이라스모스"라고 합니다. 의미는 굳게 세우고 강하게 하기 위한 연단이라는 의미입니다. 강하게 단련하여 굳게 세우기 위한 것이 시험입니다.

2. 시험하시는 이유는 무엇입니까 ?

① 마음을 알아보시기 위해서입니다(신 8:2).

성도가 하나님을 더 사랑하는지, 하나님을 더 믿고 신뢰하는지 그리고 그 명령을 정말 순종하는지를 알아보시기 위해서 시험을 주십니다.

신명기 8:2절에 보면 이스라엘 백성들을 40년 동안 광야 길을 걷게 하신 이유가 바로 그것이었습니다. 그리고 창세기 22:1절에 보면 아브라함을 불러서 이삭을 바치라고 하신 이유도 바로 그것이었습니다.

② 성숙한 믿음이 되게 하기 위해서입니다.

독수리가 자기 새끼를 창공에 올라가 떨어뜨려 날갯짓을 배우게 하고 튼튼한 힘을 길러 주듯이 우리의 믿음을 훈련하여 더욱 성숙하게 하기 위해 주시는 것이 시험입니다. 우리는 그것을 시련과 연단이라는 말로 표현합니다. 베드로전서 1:7절을 보면 믿음의 시련은 결국 예수 그리스도의 나타나실 때에 칭찬과 영광과 존귀를 얻게 한다고 하였습니다. 그리고 구약성경 스가랴 13:9절에서는 성도들을 불 가운데 던져 은같이 연단하며 금같이 시험할 것이라.”고 하였습니다. 왜 금같이 은같이 불 가운데서 시험하느냐 하면 바로 그 시험 가운데서 믿음이 더욱 성숙하여져서 “여호와는 내 하나님이시라.”라고 하게 하기 위함이라고 표현하였습니다.

③ 복 주시기 위해서입니다(신 8:16).

하나님이 성도들에게 주시는 시험의 궁극적인 목적은 그것이 어떤 것이든 간에 우리에게 복을 주시기 위함입니다. 문제는 시험을 당하는 사람의 태도에 달려 있습니다. 믿음 가운데서 감사하므로 이기면 복이 되는 것입니다. 왜냐하면 시험의 목적이 우리를 망하게 하기 위함이 아니기 때문입니다. 광야 같은 인생 길을 살아갈 때 때로 하나님이 낮추시기도 하시고 시험하시기도 하시지만 궁극적으로는 마침내 복을 주시려는 뜻입니다(신 8:16).

3. 무엇으로 시험하실까요?

하나님이 우리를 시험하시는 도구는 여러 가지가 있습니다. 물질, 건강, 자녀, 배우자를 통하여 나타나기도 합니다. 또는 사업이나 직장을 통해서 나타나기도 합니다. 그리고 때로는 말씀의 명령을 통해서 나타내기도 하십니다. 우리에게 무엇을 요구하시는 방법으로 나타나기도 합니다. 하나님께서는 여러 가지 방법을 동원하셔서 우리의 믿음을 시험해 보실 수 있기에 전적으로 하나님의 주권에 속한 일입니다.

4. 시험이 올 때 어떻게 대처해야 합니까?

① 기쁘게 여겨야 합니다(약 1:2).

야고보서 1:2절에 이렇게 기록되어 있습니다. "내 형제들아, 너희가 여러 가지 시험을 만나거든 온전히 기쁘게 여기라."라고 말입니다. 그런데 시험이 올 때 어떻게 기쁘게 여길 수 있습니까? 시험의 성경적인 의미와 뜻을 바로 깨달은 사람은 기쁘게 여길 수 있습니다.

야고보서 1:3절에 보면 믿음의 시련이 인내를 만들어 내고 결국 4절에 보면 우리로 "온전하고 구비하여 조금도 부족함이 없게 하려 함이라."라고 말씀하였습니다. 결국 따지고 보면 시험은 우리를 온전하게 하기 위해서 주신다는 것입니다. 그러니 기쁘게 여기라는 것입니다.

② 순종해야 합니다.

아브라함은 이삭을 제물로 바치라는 도저히 이해할 수 없는 명령을 받았지만 온전히 순종하였습니다. 그러할 때 하나님께 인정을 받았습니다. 순종은 시험에서 합격증서를 받게 하는 지름길입니다.

매우 추운 날 새벽 3시에 선교사 지망자가 면접시험을 치르기 위해 선교국에 찾아왔으나 미리 약속이 되었던 시험관은 아침 8시에야 어슬렁 어슬렁 나타났습니다. 한 마디 사과도 없이 시험관은 "자! 시작해 볼까요?"라고 하고서는 "학교(school)라는 단어의 철자를 말해보시오"했습니다. 지망생은 그 초등학생들의 문제 같은 것에 답변했습니다. 시험관은 "좋소, 그러면 숫자에 대해서 물어봅시다. 2의 두배는 얼마요?" "네, 넷입니다." 시험관이 자리를 툭툭 털고 일어나며 지망생에게 말했습니다. "참 좋습니다. 잘하셨습니다. 당신은 합격되었습니다. 다음 날 아침 시험관은 선교위원회에서 그를 극구 칭찬하며 그가 네 가지로 선교사의 자격이 충분함을 설명했습니다.

첫째, 극기시험에 합격입니다. 추운 날 새벽 3시에 오라고 했는데 아무런 불평이 없었습니다. 둘째, 신뢰와 약속의 시험에 합격했습니다. 그는 시간을 엄수했습니다. 셋째, 다섯 시간을 기다리는 인내의 시험에 합격했습니다. 넷째, 어린이 시험 문제로 시험을 보는데도 기분 나쁜 표정 한 번 짓지 않아 겸손의 시험에도 합격했습니다.

미국의 어느 교단 선교사 선발 시험에서 있었던 이야기입니다.

이 세상은 크리스천들의 시험장입니다. 언제 어떤 문제로 시험을 치르게 될는지 모릅니다. 남을 이롭게 하는 시험, 인내의 시험, 겸손의 시험, 신뢰의 시험, 사랑의 실천시험… 우리가 제대로 쓰임 받기 위해선 부지불식간에 치러지는 이런 주님의 시험에 합격해야 합니다. 시험에 합격해야 신앙 생활 잘하는 것입니다.

◈ **생각해 봅시다.**

1) 시험의 의미는 무엇입니까?

2) 만일 당신이 이 선교사 지망생과 같은 느닷없는 상황 속에 처해 졌을 때 당신의 반응은 어떠하리라고 생각됩니까?

3) 하나님이 성도들을 시험하시는 이유가 무엇입니까?

4) 하나님이 주시는 시험과 마귀가 주는 시험은 어떤 차이가 있을까요?

5) 성도에게 시험이 올 때 성경은 어떻게 대처할 것을 가르치고 있습니까?

33주 / 범사에 감사해야 합니다.

데살로니가전서 5:18

　한 어린 소년이 저녁 식사 시간에 친구의 집에 초대되었습니다. 식사를 하기 위해 사람들이 식탁에 둘러앉았습니다. 소년도 식탁에 앉아 누군가가 감사기도를 드리기를 머리 숙이고 기다렸습니다. 그러나 식탁에 앉은 그 집 식구들은 음식을 돌리더니 그냥 먹기 시작했습니다. 소년은 눈을 뜨고서 말했습니다. "여러분들은 우리 집 개하고 똑같네요. 그냥 먹기 시작하거든요!"

　그렇습니다. 사람은 감사할 수 있는 존재입니다. 우리가 받은 은혜와 사랑에 대하여 감사를 모르는 것은 은혜를 깨닫지 못하는 짐승 같은 것입니다. 믿음의 사람이라면 범사에 감사해야 합니다. 그 이유는 무엇일까요?

1. 하나님의 뜻이기 때문입니다.

　본문에 보면 "범사에 감사하라. 이는 예수 그리스도 안에서 너희를 향하신 하나님의 뜻이니라."라고 분명하게 감사해야 할 이유를 밝히고 있습니다. 성경에서 이렇게 하나님의 뜻을 분명히 밝힌 구절이 많지 않습니다.

　무슨 일에나 감사하는 것이 하나님의 뜻이라면 우리가 무엇을 주저하겠습니까? 그저 감사하십시오. 그것이 하나님의 뜻입니다.

2. 받은 은혜가 크고 많기 때문입니다.

　우리는 이 땅에 빈손으로 태어났습니다. 그런데 세상에 살면서 얼마나 많은 것들이 우리들에게 주어지는지 모릅니다.

　찬송가 489장의 후렴 부분에 보면 "받은 복을 세어 보아라. 크신 복을 네가 알리라."라는 가사가 있습니다. 믿음의 사람은 받은 복을 세어볼 수 있는 안목이 있어야 합니다.

생명을 받았습니다. 건강을 받았고 사랑하는 가족이 있습니다. 살 집이 있고 하루 하루의 끼니를 걱정하지 않을 만큼의 그날 그날 양식이 있습니다. 더구나 마음껏 신앙 생활을 할 수 있는 영적 환경이 있습니다. 이 모든 것이 감사의 조건들입니다. 하루 세 끼 밥 먹을 수 있는 것에 대한 진정한 감사가 있는 사람은 모든 일에 감사할 수 있습니다.

3. 예수 그리스도를 주셨기 때문입니다.

바울은 본문에서 "예수 그리스도 안에서"라는 말을 사용하였습니다. 우리가 받은 복중에 가장 큰 복은 예수 그리스도 안에 있는 복입니다. 예수 그리스도 안에 있다는 것은 구원받았다는 것을 의미합니다. 구원의 은혜를 받은 것이야말로 가장 큰 감사인 것입니다. 죗값으로 지옥에 떨어질 운명에 있던 나를 위해 피흘리신 예수 그리스도를 생각해 보십시오. 모든 일에 불평은 사라지고 감사가 나와야 합니다. 구원에 대한 감사를 회복하는 것이 은혜입니다.

구약 시대에는 인간의 죄 사함을 위해서 짐승이 죽었습니다. 예수 그리스도는 그 짐승을 대신하여 영원한 속죄 제사를 드리신 것입니다. 누구든지 그 피를 믿는 자에게 영원한 생명이 약속되어 있습니다. 히브리서 9:22절에 "피 흘림이 없은즉 사함도 없느니라." 하신 대로 예수 그리스도는 나의 죄를 위해 피흘리셨고 우리는 그의 피로 말미암아 영원한 하나님의 자녀가 된 것입니다.

한 젊은이가 수술대 위에 누워 있었습니다. 경험 많은 확실한 외과의사가 그 옆에 서 있었고 그의 학생들이 그 주위에 서 있었습니다. 외과의사가 환자에게 말하였습니다. "마취를 하기 전에 당신이 하고 싶은 말이 있다면 지금이 기회입니다. 왜냐하면 그것이 이 세상에서 당신이 하게 되는 마지막 말이기 때문입니다."

젊은이는 의사의 말을 이해 할 수 있었습니다. 왜냐하면 암 때문에 혀를 잘라내게 되어 있었기 때문입니다. 이러한 때에 그는 무슨 말을 선택해야 할까요? 긴 침묵 뒤에 그는 이렇게 말했습니다. "예수 그리스도를 주신 하나님께 감사드립니다." 당신도 이같이 말할 수 있겠습니까?

4. 모든 것이 협력하여 선을 이룰 것을 믿기 때문입니다.

로마서 8:28 절에 보면 "우리가 알거니와 하나님을 사랑하는 자 곧 그 뜻대로 부르심을 입은 자들에게는 모든 것이 합력하여 선을 이루느니라."라고 하였습니다. 성도는 이 말씀을 믿고 범사에 감사해야 합니다.

범사란 말에는 좋은 일만 말하는 것이 아닙니다. 때로는 원치 않은 일도 좋지 않은 일도 포함되어 있습니다. 그러니까 원하지 않은 일이나, 좋지 않은 일에도 감사하라는 이야기입니다. 어떻게 그렇게 할 수 있을까요?

우리는 하나님의 선하심을 믿기 때문입니다.

시편에 보면 계속하여 "여호와의 선하심과 인자하심을 인하여 감사하라."(시 118:1) 고 노래하는 장면이 나옵니다. 때로 우리에게 궂은 일이 일어나고 원치 않는 고난이 찾아올지라도 우리가 하나님을 신뢰하고 의심치 않으며 오히려 감사하고 잠잠히 참아 기다리면 하나님은 반드시 모든 일을 합력하여 선을 이루게 하시는 분입니다(롬 8:28).

탈무드에 이런 이야기가 있습니다. 어떤 랍비가 당나귀를 타고 한 마리 닭과 등불과 천막을 싣고 여행을 떠났습니다. 해가 저물어 천막을 치고 나귀와 닭은 천막에 묶어 두고 잠을 잤습니다. 닭을 가지고 다니는 이유는 꼬끼오 하고 아침을 알려주는 시계 역할을 하기 때문이었습니다. 랍비가 천막 안에서 등불을 켜고 성경을 보는데 갑자기 강한 바람에 등잔이 넘어져 그만 불이 꺼져 버리고 말았습니다. 할 수 없이 성경을 덮고 기도하고 잤습니다. 아침에 일어나 보니 밤사이에 맹수가 나귀와 닭을 잡아가 버리고 말았습니다. 그는 찢어진 천막을 챙겨 주위를 보니 바로 동네 가까이서 잤다는 것을 알게 되었습니다. 그런데 어젯밤에 강도 떼가 동네를 습격하고 사람들을 죽이고 물건을 약탈해 갔던 것입니다. 만일 등불이 켜 있었거나 닭이나 나귀가 살아서 소리라도 내었다면 틀림없이 자기도 죽었을 것인데 생각해 보면 잃어버린 것이 많지만 잃은 것보다 중요한 것을 잃지 않았음에 하나님께 감사를 했다고 합니다.

성도 여러분! 지금 어렵고 힘든 문제에 부딪혔어도 하나님께 감사를 드리십시오. 반드시 좋으신 하나님께서 사랑하는 자에게 좋은 것으로 갚아 주실 것입니다.

◈ **생각해 봅시다.**

1) 범사에 감사해야 하는 이유를 열거해 보십시오.
2) 당신의 주변에서 감사할 제목 10가지 정도를 찾아 쓰십시오.
3) 도저히 감사할 만한 것이 아니라도 감사드려야 할 이유는 무엇입니까?

34주 / 변화되어야 합니다.

로마서 12:2

어떤 회사의 사장님 부인이 예수를 믿고 변화를 받았습니다. 그는 교만하고 자기만 아는 이기심으로 살았던 것과 육신을 따라 사치와 허영에 물들어 살았던 것을 회개하였습니다. 그리고 입고 있던 호화롭고 사치스런 옷을 평범하고 서민스런 옷으로 갈아입고 고아원을 찾아서 아이들을 돌보기 시작하였습니다.

매일같이 엄마 없는 아이들의 엄마가 되어 정성스럽게 돌보아 주었습니다. 그의 헌신은 지난날 죄악 속에 살면서 자기만 알며 살았던 잘못들을 회개하는 마음과 구원해 주신 주님의 은혜에 대한 감격에서 나온 자발적인 것이었습니다. 그러던 어느 날 돌보아 주던 작은 아이 하나가 "저 아주머니 혹시 예수님 부인 아니세요?"라고 물었다고 합니다.

그렇습니다. 성도는 날마다 변화되어 예수님의 모습을 나타내야 합니다. 점점 예수를 닮아가야 한다는 것입니다. 신학적인 용어로는 성화라고 하는데 예수를 처음 믿을 때보다 점점 거룩하게 발전하는 것을 의미합니다. 그럴려면 변화를 받아야 합니다.

본문에 "너희는 이 세대를 본받지 말고 오직 마음을 새롭게 함으로 변화를 받아 하나님의 선하시고 기뻐하시고 온전하신 뜻이 무엇인지 분별하도록 하라."고 하신 것처럼 말입니다. 변화를 받으면 가나의 혼인잔치 집에서 맛없는 맹물이 변하여 맛있는 포도주가 된 것처럼 그리스도인들도 맛을 내는 성도가 될 수 있을 것입니다.

1. 무엇이 변화되어야 할까요?

① 사고 방식이 변화되어야 합니다.

사고 방식이란 생각하는 틀을 의미합니다. 그리스도인의 사고 방식은 언제나 예수 중심이 되어야 합니다. 세상 중심의 사고방식에서, 육신 중심의 사고방식에서, 예수님 중심, 영 중심의 사고방식으로 바뀌어야 합니다.

언제나 예수님의 관점에서 생각하고 예수님의 입장에서 모든 것을 바라보는 것을 의미합니다. 어떤 일을 당할 때 "예수님이라면 어떻게 하셨을까."라는 생각으로 예수님 편에서 생각한다면 신앙 생활을 잘하게 될 것입니다.

② 인격이 변화되어야 합니다.

빌립보서 2:5절에 보면 "너희 안에 이 마음을 품으라 곧 그리스도 예수의 마음이니."라는 말씀이 있습니다. 우리가 품어야 할 마음은 예수의 마음입니다. 그렇다면 예수의 마음은 어떤 마음일까요?

마태복음 11:29절에 "나는 마음이 온유하고 겸손하니 나의 멍에를 메고 내게 배우라."고 말씀하셨습니다. 예수님의 마음은 온유와 겸손입니다. 성도들의 인격이 주님을 닮아서 온유와 겸손의 마음을 가져야 한다는 것입니다.

③ 언어가 바뀌어야 합니다.

성도가 쓰는 언어는 저속한 언어나 저주와 불평의 말이 있어서는 안됩니다. 언제나 소망이 넘치고 축복적이며 긍정적이어야 합니다. 말에는 각인력과 견인력이 있어서 말하는 대로 뇌속에 새겨져 그의 사상이 되고 그 사상은 행동을 유발하여 결국 말한 대로 행동을 하게 합니다. 그래서 잠언 21:23 "입과 혀를 지키는 자는 그 영혼을 환난에서 보전하느니라."라고 말씀하였습니다. 부정적이고 불평이 입에 붙어 있는 사람은 결코 하나님이 기뻐하지 않으시며 축복하지 않습니다.

이스라엘 백성들이 언제나 하나님께 범죄할 때 지었던 죄가 불평의 죄입니다. 그리고 원망의 죄입니다. 불평과 원망 그리고 저주의 말들은 하나님이 미워하시는 죄악입니다.

2. 어떻게 하면 변화될 수 있을까요?

① 이 세대를 본받지 말아야 합니다.

성도가 세대를 본 받고 이 세상을 따라가면 죽습니다. 이 세대는 악하기 때문입니다(눅 11:29). 악한 세상은 하나님의 심판을 반드시 받습니다. 세상의 흐름을 과감히 거스릴 줄 아는 진리의 힘을 가져야 합니다.

② 마음을 새롭게 하여야 합니다.

마음을 새롭게 한다는 것은 새로운 결심을 의미합니다. 주님 뜻을 따라 살기로 새로운 각오를 가지십시오. 바울이 복음과 주님을 위해서라면 죽을 것도 각오한 것처럼 말입니다(행 21:13).

③ 예수 만나는 체험이 있어야 합니다.

사람이 가장 많이 변화되는 때는 언제일까요?

첫째는 예수님을 만나는 때입니다.

둘째는 예수님 만난 사람을 만나는 것입니다.

베드로는 예수 만나기 전에는 평범한 갈릴리 바다의 어부였습니다. 그러나 예수 만난 이후로 예수님의 수제자가 되었습니다. 사도 바울은 예수 만나기 전에는 핍박자였습니다. 그러나 다메섹 도상에서 예수를 만난 이후로는 위대한 전도자가 되었습니다.

오늘날 예수님을 만난다는 것은 체험적인 신앙을 의미합니다. 성령의 체험이 있느냐 없느냐에 따라 변화가 결정되어집니다. 오늘날도 신앙 생활 가운데 신령한 체험을 할 수 있습니다. 하늘의 신령한 체험 속에서 예수를 만날 수가 있습니다. 예수를 만난 이들은 하나같이 변화되어 새사람이 되고 보람있는 삶을 사는 것을 봅니다.

④ 말씀을 깨달을 때 변화가 일어납니다.

성경을 읽다가 또는 설교를 듣다가 문득 깨닫게 하시는 말씀이 있습니다. 히 4:12절에 보면 "하나님의 말씀은 살았고 운동력이 있어서 좌우에 날선 어떤 검보다도 예리하여 혼과 영과 및 관절과 골수를 찔러 쪼개기까지 하는 능력이 있다."고 말씀하였습니다. 마틴 루터는 천주교의 신부였지만 로마서 1:17절의 "오직 의인은 믿음으로 말미암아 살리라."는 말씀을 읽다가 천주교의 잘못된 부분들을 깨닫고 개혁운동을 일으켜서 종교개혁을 이룩하였습니다. 말씀을 듣고 깨달아야 합니다. 깨닫는 순간 성령께서 역사하여 우리를 변화시켜 주십니다.

변화 받으면 하나님의 뜻을 분별하여 알게 되고 그 뜻대로 살게 됩니다. 그래서 주님을 닮아가는 생활이 이루어지게 되는 것입니다. 그러므로 변화 받아야 신앙 생활을 잘할 수 있습니다.

◆ 생각해 봅시다.

1) 무엇이 변화되어야 합니까?
2) 어떻게 하면 사람이 변화될 수 있습니까?
3) 사람이 가장 많이 변화되는 때는 언제인가요?
4) 변화된 사람은 어떤 삶을 살게 됩니까?
5) 자신에게 있어서 새롭게 변화를 받아야 할 부분이 있다면 무엇입니까?

35주 / 항상 기뻐해야 합니다.

빌립보서 4:4-7

본문에 보면 항상 기뻐하라고 하였습니다. 그러나 우리가 처한 환경을 볼 때 항상 기뻐한다는 것은 어려운 일입니다. 그러나 할 수 없는 것은 아닙니다. 할 수 있기 때문에 하나님이 하라고 하신 것입니다.

1. 왜 성도는 기뻐해야 합니까?

① 하나님의 자녀가 되었기 때문입니다.

마귀의 자식이 아닙니다. 위대하신 창조의 하나님이 우리의 아버지입니다. 요한복음 1:12절 말씀에 "영접하는 자 곧 그 이름을 믿는 자들에게 하나님의 자녀가 되는 권세"를 주셨다고 하였습니다. 비록 우리의 삶이 꽃처럼 향기 나는 생활이 아닐지라도, 때로는 구질구질하고 이리저리 찢기고 상처를 받는 고난의 날들이 있고 괴롭고 힘든 인생 길을 걷고 있다 하여도 분명한 것은 하나님이 내 아버지요 예수 그리스도가 나의 구주라는 사실인 것입니다. 그래서 우리는 기뻐하고 감사할 수 있습니다. 하나님이 나의 아버지가 되셨기 때문입니다.

② 내가 기뻐하면 세상이 아름다워 보입니다.

청량리에서 빈민들과 부랑인들에게 밥을 해서 먹여 주며 복음을 전하고 있는 최일도 목사님은 "세상은 아름다운 것이다."라고 외치며 복음을 전했습니다. 그랬더니 속칭 청량리 588로 불리는 골목의 매춘 아가씨들이 그런 소리 하지 말라고 하면서 욕했습니다.

무슨 세상이 아름다우냐는 것입니다. 더럽고 아니꼽고 냄새나고 죽을 맛밖에 없는 것이 세상이라는 것입니다. 그러나 최일도 목사님은 그들의 그런 소리에도 아랑곳하지 않고 주님이 주신 마음으로 복음을 전했습니다. 세상이 더러운 것이 아니라 우리 인간의 마음이 더러운 것이고 우리 마음이 어두워졌기 때문에 세상이 캄캄하다는 것입니다. 차츰 588의 아가씨들과 포주들이 회개하고 예수 믿는 사람들이 생겼습니다.

그렇습니다. 내가 어두워지면 세상이 다 어둡게 보이는 것입니다. 반면에 내가 밝아지면 세상의 어두움은 물러가고 밝게 보입니다. 밝은 마음 그것은 기쁨이 넘치는 마음입니다. 그래서 사도 바울은 기뻐하라고 강조하고 있습니다.

2. 어떻게 하면 항상 기뻐할 수 있을까요?

① 주를 믿으면 됩니다.

하나님은 지금도 살아 계셔서 역사하심을 믿습니까? 그러면 기뻐하십시오. 하나님이 당신의 편이시기 때문입니다. 주님을 믿으십니까? 그러면 즐거워하십시오. 주님이 당신을 즐거워하시기 때문입니다. 우리가 즐겨 부르는 찬송가 중에 "울어도 못하네"(343장)의 찬송이 있습니다. 그 내용은 울어도 못하고 힘써도 못하고 참아도 안되지만 믿으면 한다는 가사입니다. 시편에서 "여호와는 내 편이시라 내게 두려움이 없나니 사람이 내게 어찌할꼬"(시 118:6)라고 고백하고 있습니다. 그렇습니다. 여호와 창조주 하나님이 내 편이라는 사실을 믿읍시다. 그러면 어떤 경우에도 담대하고 기뻐할 수 있습니다.

② 주께 맡기면 됩니다.

아이는 음식 걱정, 옷 걱정, 집 걱정 안합니다. 왜냐하면 보호자인 그 부모가 있기 때문입니다. 마찬가지입니다. 주님은 우리의 보호자이십니다. 그러므로 우리는 주님께 모든 것을 맡겨야 합니다. 다 맡기면 주께서 우리의 짐을 져 주십니다. 시편 68:19절에 "날마다 우리 짐을 지시는 주 곧 우리의 구원이신 하나님을 찬송할 지로다."라고 했습니다.

그렇습니다. 주님은 날마다 우리의 짐을 져주시는 분이십니다. 그러나 맡긴 사람에 한해서입니다. 시편 37:5절에서 우리의 길을 여호와께 맡기고 의지하면 하나님이 이루어 주신다고 했습니다. 그리고 잠언 16:3절에서도 행사를 여호와께 맡기면 경영하는 것이 이룰 것이라고 말씀하셨습니다. 또 모든 염려와 근심과 걱정도 주께 맡기면 주께서 권고하신다고 베드로 전서 5:7절에서 말씀하셨습니다.

③ 주님 안에 거하면 됩니다.

어린 아기는 엄마 품에 있을 때는 아무리 어두운 곳에서도 두려워하지 않습니다. 주님 품안에서는 기뻐할 만한 것이 너무 많습니다. 찬송가 455장에 보면 "주안에 있는 나에게 딴 근심 있으랴. 십자가 밑에 나아가 내 짐을 풀었네."라는 구절이 있습니다.

그렇습니다. 주안에 있으면 두려움이 없고 딴 근심이 없습니다. 기뻐할 수 있습니다.

④ 기도하면 기뻐할 수 있습니다.

본문 6절에서 "아무것도 염려하지 말고 오직 모든 일에 기도와 간구로 너희 구할 것을 감사함으로 아뢰라"고 하십니다. 기도는 하나님이 마음의 위로와 평강을 주시는 축복의 통로입니다. 기도를 통하여 주님의 뜻을 알고 우리의 어려움이나 고통을 하나님께 말씀드리는 것입니다. 그러므로 기도하는 것 자체가 축복이요, 응답인 것입니다. 기도하는 사람은 심리적으로도 스트레스가 쌓이지 않습니다. 왜냐하면 기도할 때 주님이 위로해 주시고 주님이 주시는 평강이 임하기 때문입니다.

3. 기뻐하는 자에게 어떻게 하십니까?

하나님의 평강이 마음과 생각을 지켜주십니다. 이것은 하나님의 보장입니다. 하나님이 지켜주지 않으면 우리의 인생은 참으로 위험하기 짝이 없습니다. 그러므로 마음과 생각은 참으로 중요합니다. 잠언 23:7 절에서 "그 마음의 생각이 어떠하면 그 위인도 그러하다."고 말하였습니다.

헛된 마음을 품으면 헛된 생각만 하다가 헛된 인생을 살고 맙니다. 망할 마음 품으면 망할 생각만 하다가 망하고 맙니다. 악한 마음을 품으면 죄지을 생각만 하다가 저주받고 맙니다. 그러나 주안에서 기뻐하는 자는 주님께서 마음과 생각을 평강으로 지켜주셔서 축복해 주십니다.

사람들이 염려하는 것 중에 90%가 쓸데없는 것을 염려한다고 합니다. 미래에 일어나지도 않을 사건을 미리 걱정하고 염려하고 근심합니다. 그래서 평안이 없고 안정이 없고 불안합니다. 그러므로 우리의 마음과 생각을 하나님이 지켜주셔야 합니다. 기뻐하는 자에게 하나님께서 마음과 생각을 평강으로 지켜주시는 것입니다.

◈ 생각해 봅시다.

1) 성도가 항상 기뻐해야 할 이유가 무엇입니까?

2) 어떻게 하면 항상 기뻐할 수 있습니까?

3) 자신에게 항상 기뻐하지 못하는 이유가 있다면 무엇입니까?

4) 항상 기뻐하는 자에게 하나님이 주시는 복은 무엇입니까?

9월

새벽 기도를 해야 합니다.

교회 밖에서도 신자가 되어야 합니다.

헌신하는 믿음이 되어야 합니다.

교회에 뿌리를 내려야 합니다.

목회자와 좋은 관계를 유지해야 합니다.

36주 / 새벽 기도를 해야 합니다.

시편 46:5

성경의 새벽이란 보통 오전 3-6 사이의 시간을 말하는데 새날의 시작과 함께 하나님을 먼저 찾는 경건한 삶의 자세를 대변합니다. 이런 의미에서 새벽은 하나님께 바쳐져야 하는 시간이라 할 수 있습니다.

장로교 헌법에는 이렇게 권장하고 있습니다. "하루가 시작되기 전에 먼저 하나님과 대화하는 시간을 가지는 것이 좋다. 새벽부터 교회에 모여 하나님의 말씀을 듣고 가정이나 교회나 직장이나 국가를 위해서 기도하는 것이 신앙 생활을 더 성장케 하고 풍요롭게 한다" 라고 되어 있습니다. 그러므로 새벽 기도는 성숙한 신앙 생활의 한 모습입니다.

1. 새벽기도를 해야 하는 이유가 무엇일까요?

① 하나님이 새벽에 역사 하시기 때문입니다.

성경에 보면 하나님은 새벽의 하나님으로 묘사되고 있습니다. 호세아 6:3절에 보면 하나님의 나오심이 새벽빛같이 일정하시다고 하였습니다. 그리고 요한계시록 22:16절에는 예수 그리스도께서 자신을 광명한 새벽별이라고 말씀하셨습니다.

본문 말씀에도 하나님께서 새벽에 도우시리라고 했습니다. 성경의 위대한 역사는 새벽에 일어난 것을 보면 알 수 있는 것입니다.
- 홍해 바다가 새벽에 갈라졌습니다(출 14:24-25).
- 여리고 성벽도 새벽에 무너졌습니다(수 6:15).
- 주님의 부활도 새벽에 있었습니다(눅 24:1-2).

② 새벽을 깨우는 주인공이 되어야 하기 때문입니다.

새벽은 부지런함을 나타냅니다. 하나님은 게으른 사람과 함께하지 않습니다. 부지런히 하나님을 찾고 일하고 노력하는 사람과 함께하시는 것입니다. 그리고 밤의 어두움이 사라지고 온갖 악령들의 활동이 물러가고 밝은 희망이 넘치는 것을 나타내는 시간입니다. 슬픔과 어두운 그림자는 쫓아내고 주님의 새벽빛을 받아서 빛내는 삶이 되어야 하겠습니다.

이스라엘 백성들은 하나님께서 하루 중에 가장 좋아하시는 시간을 새벽의 시간이라고 믿고 그들도 새벽시간을 좋아하였습니다. 그래서 시편 기자는 "내 영광아 깰지어다 비파야, 수금아, 깰지어다 내가 새벽을 깨우리로다."(시 57:8) 라고 노래하고 있습니다.

③ 예수님이 새벽 기도를 하셨기 때문입니다(막1:35).

예수님의 하루 일과를 들여다볼 수 있는 유일한 곳이 마가복음 1장입니다. 21절을 보면 오전에는 회당에 들어가 가르치셨습니다. 그 다음, 오후에는 회당에서 나와서 열병으로 누워 있는 베드로의 장모를 고치셨습니다(29절). 저물어 해질 때에는 온 동네 사람들이 예수님에게 모여들었습니다(32절). 아마 그들을 고치는데 몇 시간은 족히 걸렸을 것입니다. 그러고도 예수님은 새벽 미명에 일어나서 기도하셨습니다(35절).

왜 예수님이 이른 아침을 택해 기도하셨을까요? 이유는 간단합니다. 새벽이 아니면 달리 기도할 시간을 낼 수가 없기 때문입니다. 그분의 생애는 공생애가 진행될 수록 점점 더 바쁘고 더 많은 사람들에게 시달리는 처지가 되었습니다. 그런 상황 속에서 예수님이 가장 확실하게 기도시간을 확보하는 것은 일찍 일어나거나 밤잠을 그만 두고 산에 올라가 기도하는 것뿐이었습니다. 복잡한 현대사회에서 정신없이 쫓겨다니며 살아야 하는 우리 역시 똑같은 숙제를 안고 있습니다. 기도할 만한 시간을 하루 중에 만든다는 것이 하늘의 별을 따는 것만큼이나 어렵습니다. 그러므로 새벽기도를 해야 합니다.

2. 어떻게 새벽 기도회에 나올 수 있을까요?

① 일찍 잠자리에 들어야 합니다.

새벽에 일어난다고 하는 것은 쉬운 일이 아닙니다. 새벽기도를 하기 위해서는 자신의 생활 방식을 과감하게 바꾸어야 합니다. 늦게 자고 늦게 일어나는 버릇을 고치고 일찍 자고 일찍 일어날 수 있도록 해야 합니다.

② 기도하고 잠자리에 듭시다.

새벽예배에 나간다는 결심을 해야 합니다. 그리고 잠들기 전에 주님에게 도움을 청하십시오. 쓸데없는 세상적인 걱정은 정신적·육체적인 피해를 주지만 영적 갈망과 결심은 오히려 건강하게 합니다(고후 7:10). 새벽을 깨웁시다. 도우시는 하나님이 함께하실 것입니다.

③ 소리 나는 시계 등을 준비하여 깰 수 있도록 해야 합니다.

시계소리가 날 때 과감하게 이불을 걷어차고 일어나야 합니다. 좀 더 자자 좀 더 자자 하면 절대로 못 일어납니다. 이불을 박차고 방문을 박차고 대문을 박차고 힘차게 교회 문을 박차고 들어와야 합니다. 박차고 일어나는 자가 승리합니다.

3. 새벽기도 방법은?

일반적으로 교회는 새벽 5시에 기도회가 있습니다. 찬송을 부르고 그날의 성경 말씀을 읽고 말씀을 나누는데 약 20-30분 정도 소요됩니다. 그리고 자유롭게 기도하다가 돌아가게 되는데 이 때 자신만의 기도를 하나님께 드리게 됩니다.

① 그 날 자신에 주시는 말씀을 붙드십시오.

성경을 봉독하는 중에 또는 목사님의 설교 중에 자신에게 주시는 말씀이 있습니다. 자신에게 주신 그 말씀을 근거로 기도합니다.

② 기도할 때는 될 수 있으면 열정적으로 하십시오.

새벽기도 시간에 묵상하다 보면 졸음을 이기지 못하고 졸기만 하다가 일어서는 헛된 시간이 될 수 있기 때문입니다. 힘을 다하여 소리내어 부르짖는 기도를 해보십시오. 기도의 줄이 잡히고 기도의 맛을 알게 될 것입니다.

③ 기도의 제목은 구체적으로 하십시오.

이것저것 나열하는 식의 기도가 아닌 구체적인 기도제목을 가지고 기도하십시오. 새벽에 기도한 기도제목이 한낮에도 무엇을 기도했는지 생각날 수 있는 만큼 구체적이고 명확한 기도 내용으로 기도하여야 합니다.

4. 응답에 확신을 가집시다(렘 33:3).

기도 응답은 이미 하나님께서 우리에게 언약으로 주셨습니다. 우리는 응답을 약속받고 기도하는 사람들입니다. 그러므로 확신을 가지고 기도합시다.

사랑하는 성도 여러분! 복을 받기 원하십니까? 새벽기도를 놓치지 마십시오. 인생의 무거운 짐을 가볍게 하기 원하십니까? 새벽기도회를 놓치지 마십시오. 주의 나라를 위해 충성된 소명자로 준비되기를 원하십니까? 새벽 기도회를 놓치지 마십시오. 이 시대의 파수꾼이 되기를 원하십니까? 새벽 기도회를 놓치지 마십시오.

◆ 생각해 봅시다.

1) 성경에서 새벽에 일어난 큰 사건들은 무엇이 있습니까?
2) 성도가 새벽 기도를 해야 하는 이유가 무엇입니까?
3) 당신은 새벽 기도회를 일 주일에 몇 번 정도 참석하십니까?
4) 새벽기도의 방법에 대하여 이야기 해봅시다.

37주 / 교회 밖에서도 신자가 되어야 합니다.

마태복음 5:14-16

현대를 살아가는 기독교인들의 가장 큰 문제가 있다면 무엇일까요? 기도가 부족한 것일까요? 헌금을 많이 못하는 것일까요? 성경지식이 많지 않은 것일까요? 전도를 하지 않는 것일까요? 물론 그런 것도 사람에 따라 문제가 될 것입니다. 그러나 21세기를 살아가는 한국 교회의 문제는 그런 것에 있지 않습니다. 오히려 한국교회 만큼 기도 많이 하고 성경공부를 열심히 하며 봉사를 잘하는 교인들이 세계 어느 나라에도 없다고들 합니다. 그러면 무엇이 문제입니까?

신앙 생활의 이원화가 문제입니다. 즉 믿음과 생활이 따로따로 돌아간다는 것입니다. 교회 안에서의 모습과 교회 밖에서의 모습이 다르다는 것이 문제입니다. 신앙 생활을 잘하기 위해서는 이 문제를 극복하여야 합니다. 교회 안의 신자가 교회 밖에서도 신자가 되어야 한다는 것입니다. 교회 안에 은닉된 신자가 아니고 교회 밖으로 드러난 신자가 되어야 하는 것입니다. 어떻게 하여야 교회 밖의 신자가 될 수가 있을까요?

1. 영적 자아를 확립하여야 합니다.

성도로서의 자신의 존재에 대한 긍지를 갖자는 것입니다. 본문에 보면 성도들을 가리켜 "세상의 빛"이라는 말씀을 하였습니다. 이것은 신앙인으로서의 자아확립의 근거를 제공하고 있는 말씀입니다. 누가 뭐라고해도 우리는 하나님의 자녀요 세상을 비추는 빛인 것입니다. 스스로 자신의 존재를 깨닫지 못하면 존재의 사명을 다하지 못하게 되어집니다.

하나님은 우리들을 세상의 빛으로 세우셨습니다. 주님이 세운 세상의 빛인 것입니다. 빛은 어둠에 정복되거나 그 안에 포함되지 않습니다. 빛의 자존심을 잃지 맙시다. 구원받은 하나님의 백성으로서의 긍지를 가지고 살아갑시다.

2. 믿음의 덕을 무시하면 안 됩니다.

빛은 남에게 유익을 주는 것입니다. 그 자신을 불 태워서 온 세상을 환하게 하는 것이 빛입니다. 이 시대를 사는 기독교인도 그러한 삶을 살아야 합니다. 그것이 덕을 갖춘 믿음입니다.

그리스도인들이 우리만 구원받았다는 선민주의로 자기 독선에 빠지면 덕을 세우지 못합니다. 덕이 없는 믿음은 세상을 비추는 빛이 될 수 없습니다. 교회 안에서는 열심이 있고 믿음이 좋은 성도인데 세상 사람들과의 관계에 있어서 그리스도의 향기를 발하지 못하여 손가락질 당하거나 비난을 받는다면 그것은 믿음의 덕을 세우지 못했기 때문입니다.

데살로니가전서 1:3절에 보면 믿음의 역사와 사랑의 수고, 소망의 인내에 대한 말씀이 나옵니다. 역사가 없는 믿음, 수고가 없는 사랑, 인내가 없는 소망은 덕이 없는 신앙입니다. 그런 믿음은 교회 밖의 사람들에게 욕을 먹습니다. 성도가 그리스도와 복음의 진리 때문에 당하는 핍박은 영광스러운 것이지만 생활에 덕스럽지 못한 것이 있어서 비난받는 것은 주님의 영광을 가리우는 것입니다. 적어도 그리스도인은 세상 사람들보다 더 착하고 선해야 하지 않을까요? 그래야 믿음의 덕을 세울 수 있습니다. 베드로 사도는 우리를 부르신 하나님의 뜻이 그리스도의 아름다운 덕을 선전하게 하려 함(벧전 2:9)이라고 하였습니다.

3. 극단적인 이원론을 극복해야 합니다.

신앙의 이원론이란 육체적이고 세상적인 것은 모두 악한 것으로 보고 오직 영적이고 신앙적인 것만 선하다고 보는 생각입니다. 교회에서 주님을 위해 하는 영적인 것들은 선하고 가정이나 직장 또는 세상의 모든 일들은 악하다고 생각하여 배척하는 태도를 말합니다.

이런 관념에 빠지게 되면 교회에서는 굉장히 열심 있는 모습을 보이는 반면 세상의 일들에 대하여는 잘 적응하지 못하게 됩니다. 원래 이 사상은 헬라 철학에서 유래한 것으로 기독교적인 사상이 아닙니다.

성경은 세상에 대하여 기독교인들이 배척해야 할 대상이라고 가르치지 않습니다. 오히려 적극적으로 복음을 전하여 구원해내야 할 선교의 대상으로 보고 있는 것입니다.

믿지 않는 가족, 친구, 동료, 이웃, 이들은 우리가 배척할 대상이 아니라 불쌍히 여기고 사랑하여 그리스도 앞으로 이끌어 내어야 할 선교의 대상인 것입니다.

4. 타협은 안 됩니다.

빛은 어둠이 있기에 존재합니다. 어둠이 없으면 빛도 존재할 필요가 없을 것입니다. 어둠이 있기에 빛이 필요하지만 그러나 빛은 결단코 어둠과 타협하지 않습니다. 빛이 임하면 어둠은 즉시 사라져 버립니다. 빛과 어둠이 공존할 수 없다는 것을 말합니다.

성도들이 적당한 선에서 세상과 타협하게 되면 결국은 그들을 그리스도 앞으로 인도할 수 없게 되어집니다. 오히려 세상의 올무에 걸려 그리스도인으로서의 빛을 전혀 나타내지 못하게 되어집니다. 복음의 진리를 가지고 세상과 타협하면 그리스도인의 생명을 잃게 됩니다. 무슨 일이 있어도 타협은 거부하고 오직 사랑만 주어야 하는 것입니다.

5. 주 예수의 마음을 소유해야 합니다.

빌립보서 2:5절에서 우리에게 예수의 마음을 품으라고 하였습니다. 예수의 마음이 어떤 마음일까요? 예수님 자신이 설명하여 주셨습니다. "나는 마음이 온유하고 겸손하니…"(마 11:29).

그렇습니다. 주님의 마음은 온유와 겸손입니다. 낮아지신 마음인 것입니다. 제자들의 발을 씻기시던 주님께서 "너희도 서로 이같이 하라"고 말씀하셨는데 우리가 겸손과 온유한 마음으로 낮아지신 주님의 마음을 우리의 가슴에 품고 산다면 우리가 있는 어떤 장소라도 거기가 교회가 될 수 있을 것입니다.

사랑하는 성도 여러분! 주님의 마음을 품읍시다. 그래서 교회 안에 감추어진 신자가 아니라 세상 사람들에게 복음의 빛으로 드러난 신자가 됩시다. 사람들이 우리의 아름다운 행실을 보고 하늘에 계신 아버지께 영광을 돌리게 만듭시다. 교회 밖에서 그 이름이 더 아름다운 신자가 됩시다.

◈ **생각해 봅시다.**

1) 이원론적인 신앙 생활이란 어떤 것인지 말해 봅시다.
2) 당신은 믿지 않은 가족이나 친지 동료들로부터 어떤 평가를 받고 있습니까?
3) 너희는 세상의 빛이란 말씀의 의미가 무엇인가요?
4) 교회 밖에서도 신자가 된다는 것은 무엇을 의미합니까?

38주 / 헌신하는 믿음이 되어야 합니다.

이사야 6:6-8

60년대 말 전라남도 어느 시골 교회에 순덕이라는 아가씨가 있었습니다. 비가 새고 너무 낡은 예배당에서 예배를 드리던 온 성도들이 새 예배당을 건축하기 위해 기도하고 건축헌금을 시작하였습니다. 온 성도가 정성껏 헌금을 했으나 예배당을 완공하기까지는 턱없이 부족하였습니다. 그런데 하루는 예배를 드리고 있는데 난데없이 수건을 머리에 쓰고 나온 성도가 있었습니다. 예배를 마치고 나서 예배 시간에 수건을 쓰고 예배를 드리면 안 된다는 것을 말하려고 장로님이 가까이 가서 보니 교회를 잘 섬기는 순덕이라는 처녀였습니다. 그 다음 주일에도 수건을 쓰고 나온 순덕이를 보고 성미 급한 여 집사님이 순덕이가 쓴 머리의 수건을 벗겨 버렸습니다. 순덕이의 머리는 완전히 까까머리였습니다. 바칠 만한 돈이 없던 순덕이는 머리카락을 잘라서 팔아 건축헌금을 드린 것이었습니다. 그 사실을 안 성도들이 그날 예배 시간에 모두 울었습니다. 교회는 건축되고 헌당식을 하는 날 건축 위원장 장로님은 경과 보고에서 순덕이의 머리가 건축 완공의 기초가 되었다고 보고할 때 참석한 모든 성도들과 내빈들도 감동받아 울었습니다.

그 후 가문 좋고 믿음 좋은 장로님이 순덕이를 며느리로 삼았습니다. 믿음이면 다 된다고 늘 외치던 장로님, 세상에서 제일 믿음 좋은 며느리 얻었다고 싱글벙글 좋아했다고 합니다. 하나님 나라의 확장에 있어서 성도들의 눈물어린 헌신은 참으로 귀합니다. 어떻게 하는 것이 헌신인지 생각해 보겠습니다.

① 최선을 다하는 것이 헌신입니다.

모세는 "우리 여호와는 오직 하나이신 여호와이시니 너는 마음을 다하고 성품을 다하고 힘을 다하여 네 하나님 여호와를 사랑하라"라고 말하였습니다(신 6:4-9).

주님도 마태복음 22:37절에서 말씀하시기를 마음을 다하고 목숨을 다하고 뜻을 다하여 주 하나님을 사랑하는 것이 크고 첫째 되는 계명이라고 하셨습니다. 즉 최선을 다하는 하나님 사랑을 말씀하시고 계신 것입니다.

미국의 대통령을 지낸 카터가 해군 장교로 있을 때 제독 하이만 리카비가 그에게 "귀관은 사관학교에서 공부를 몇 등 했는가?"라고 물었습니다. 카터가 "820명 중에서 59등 했습니다."라고 대답하였습니다. 그랬더니 제독은 "귀관은 어찌해서 최선을 다하지 않았는가?"라고 되물었습니다. 그때 카터는 왜 최선을 다하지 않았느냐는 제독의 말에 충격을 받아 무슨 일에든지 최선을 다하는 사람이 되었다고 합니다. 그 결과 그는 미국의 대통령이 되었습니다. 지금도 미국의 역대 대통령들 중에서 가장 열심히 일하는 사람으로 알려져 있습니다.

주님은 최고의 사람을 원하시는 것보다 최선의 사람을 원하십니다. 엽전 두 렙돈을 드린 가난한 과부가 칭찬을 받았습니다. 그것은 최고였기 때문이 아니라 최선이었기 때문입니다. 최고를 좋아하는 사람들은 아나니아와 삽비라처럼 하나님을 속이려 합니다. 그러나 하나님은 만홀히 여김을 받지 않으시고 속지도 아니하십니다. 묵묵하게 말없이 헌신하는 성도, 그들을 통해서 하나님은 일하시고 또 그들에게 축복해 주십니다. 최선을 다하는 삶을 살아가는 성도, 교회 부흥의 원동력인 것입니다.

② 하나님의 필요에 응답하는 것이 헌신입니다.

나의 필요에 의해서 움직이는 사람은 헌신의 사람이 아닙니다. 주님께로 향한 헌신은 언제나 주님의 필요에 의해서 움직이는 것입니다. 이사야는 제단 불에 의해 모든 악과 죄가 깨끗하게 된 후에는 헌신의 사람이 되었습니다. 즉 하나님의 필요에 응답하게 된 것입니다(사 6:6-8). "내가 누구를 보내며 누가 우리를 위하여 갈꼬" 이것은 주님의 필요입니다. 이 주님의 필요에 "주여 내가 여기 있사오니 날 보내 주소서."라고 대답하였습니다.

예수님도 하나님의 필요에 응답하셨습니다. 겟세마네 동산의 기도가 그 것을 말하고 있습니다. "아버지의 뜻이어든 이 잔을 내게서 옮기시옵소서 그러나 내 원대로 마옵시고 아버지의 원대로 되기를 원하나이다."(눅 22:42)라고 하셨습니다.

베드로와 다른 제자들도 주님의 필요에 응답하였습니다. 마태복음 4:18-22절에 주님께서 "나를 따라 오너라"라고 말씀하시니 저희가 배와 그물을 버려두고 예수를 좇았다고 말하였습니다. 주님의 필요에 응답하는 것이 헌신입니다.

③ 삶의 우선 순위를 주님께 두는 것입니다.

우리가 세상을 살아가면서 여러 가지 복잡하고 힘든 일들을 처리하며 살 아갑니다. 어떤 일을 처리할 때 사람들은 다음과 같은 기준을 생각하며 우 선 순위를 결정합니다.

급하지는 않지만 더 중요한 일이 있습니다.

급하지만 덜 중요한 일이 있습니다.

급하면서 대단히 중요한 일이 있습니다.

급하지도 않고 중요하지도 않은 일이 있습니다.

사람들은 주님을 위하는 일과 자신의 영혼을 위하는 일은 그렇게 급하게 보지도 않고 중요하게 여기지도 않습니다. 그래서 영적인 일들은 삶의 우 선 순위에서 밀려나 있습니다. 그러나 진정한 신앙은 인생에게 있어서 무 엇이 더 중요하고 급한 것인지 깨닫는 것입니다. 그리고 그것을 깨달은 자 만이 진정으로 주님께 온전히 헌신할 수 있게 되는 것입니다.

하나님은 우리 인생의 존재 목적을 하나님을 위하는 것이라고 하였습니 다. 하나님의 영광을 나타내는 것이야말로 가장 중요하고 급한 것입니다. 주님은 나의 삶의 최우선의 자리에서 영광받으시기를 원하시고 계십니다.

◈ **생각해 봅시다.**

1) 어떻게 하는 것이 주님께 헌신하는 것입니까?

2) 하나님께서 지금 나에게 가장 원하시는 일이 무엇이라고 생각하십니까?

3) 자신에게 있어서 하나님 앞에 아직 헌신하지 못한 삶의 부분은 무엇입니까?

39주 / 교회에 뿌리를 내려야 합니다.

마가복음 4:16-17

뿌리 깊은 나무는 비바람이 몰아쳐도 결코 쉽게 넘어지지 않습니다. 본문에 돌밭에 뿌려진 씨앗에 관한 비유가 있습니다. 돌밭에 뿌려진 씨가 열매를 맺지 못하는 이유는 뿌리를 깊이 내리지 못하는 데 있습니다. 우리의 신앙 생활도 마찬가지입니다. 뿌리를 깊이 내리지 못한 나무는 자랄 수 없을 뿐 아니라 열매를 맺을 수도 없습니다. 성도가 뿌리내려야 할 밭은 교회입니다.

교회는 주님께서 피를 주고 사신 하나님의 과수원이며 텃밭입니다. 하나님은 그곳에 택한 자를 불러 심으시고 열매 맺기를 기다리고 계십니다. 그러므로 열매맺는 신앙 생활을 위해서는 하나님의 텃밭인 교회에 뿌리를 깊이 내려야 합니다. 교회를 아무리 오래 다녔어도, 그리고 텃밭이 아무리 좋아도 적응하지 못하여 뿌리를 내리지 못하면 열매를 맺을 수 없습니다.

돌짝 밭은 우리의 신앙에 있어서 뿌리를 내리지 못하게 하는 여러 가지 요소들을 말합니다. 그러나 근본적인 것은 바로 죄입니다. 죄는 우리 마음 밭을 황폐화시키고 신앙의 뿌리를 흔들어 놓습니다. 죄를 회개하고 믿음의 뿌리가 견고해지도록 힘써야 하겠습니다. 그러면 우리가 신앙 생활을 잘하기 위해 깊이 내려야 할 뿌리의 요소들을 생각해 봅시다.

1. 교리적으로 뿌리를 내려야 합니다.

교리란 성경의 진리들을 잘 알기 쉽게 체계화시켜 놓은 것입니다. 성경에 대하여, 하나님에 대하여, 예수 그리스도에 대하여, 그리고 성령과 구원에 대하여, 교회와 영원한 하나님의 나라에 관한 모든 진리들을 논리적으로 설명하여 성도들로 하여금 성경의 진리들을 잘 알 수 있도록 한 것이 교리입니다. 교리를 모르면 이단자들의 주장에 현혹되기 쉽습니다. 그리고 신앙이 체계적으로 성장하지 않습니다.

뿌리 없는 신앙이 되어 환난이나 핍박이 올 때 쉽게 넘어지고 말게 됩니다. 교리적인 뿌리를 내리기 위해서는 체계적인 성경공부를 해야 합니다.

2. 인간 관계로 뿌리를 깊이 내려야 합니다.

사람과 사람이 서로 부딪히며 관계를 맺고 살아가는 것이 우리들의 삶입니다. 신앙 생활도 마찬가지입니다. 교회 안에서 인간관계를 잘 맺어야 합니다. 원수가 되거나 미움의 대상이 되지 마십시오. 서로 사랑의 줄로 끈끈하게 엮어진 관계가 되어야 합니다. 그러면 넘어져도 일으켜 줄 수 있는 사람이 있습니다. 내가 쓰러질 때 위로하며 다가와서 힘이 되어 줄 사람들이 생깁니다. 전도서 4:12절에 보면 "한 사람이면 패하겠거니와 두 사람이면 능히 당하나니 삼겹줄은 쉽게 끊어지지 아니하느니라."고 기록되어 있습니다.

신앙 생활은 혼자서 할 수 없습니다. 한 사람이면 패할 수밖에 없다고 하였습니다. 그러나 삼겹줄은 쉽게 끊어지지 않는다고 하였습니다. 우리가 교회 안에서 성도간에 관계를 맺는 것은 신앙 생활에 있어서 아주 중요한 문제인 것입니다. 한 개의 장작개비는 잘 타지 않습니다. 그러나 여러 개의 장작이 서로 뭉쳐서 있으면 꺼지지 않고 잘 탑니다. 신앙 생활은 나 홀로 되는 것이 아닙니다. 더불어 해야 합니다. 그래서 시편 기자는 "형제가 연합하여 동거함이 어찌 그리 선하고 아름다운고"라고 고백하고 있습니다(시편 133:1).

3. 봉사의 땀방울로 뿌리를 내려야 합니다.

교회의 각 기관에 소속하여 열심히 땀흘려 봉사하는 것은 교회생활의 뿌리를 내리는 아주 좋은 방법입니다. 사람들은 누구나 자신의 땀과 정성을 쏟은 곳에 더욱 애착을 갖게 됩니다. 그래서 교회를 위해 많이 봉사하고 헌

신하는 성도가 다른 사람보다 교회를 더 사랑하게 되고 그의 신앙적 뿌리
는 깊이 박히게 되는 것입니다.

고린도전서 15:58절에 바울 사도는 우리들에게 "내 사랑하는 형제들아
견고하며 흔들리지 말며 항상 주의 일에 더욱 힘쓰는 자들이 되라"라고 말
하고 있습니다.

각 기관에 소속되어 맡은 바 봉사의 일을 감당하는 것이 뿌리깊은 신자
가 되는 것입니다. 그러한 성도들은 어떤 일에도 흔들리지 않고 더욱 견고
하게 되어 주의 일을 더욱 힘쓰게 되는 것입니다.

4. 영적 체험으로 뿌리를 내려야 합니다.

신앙 생활은 관념이나 구호가 아닙니다. 그리고 어떤 논리나 이론도 아
닙니다. 그것은 말씀을 생활로 실천함으로써 얻을 수 있는 체험입니다. 그
리고 믿음이란 단지 아는 것으로 끝나는 것이 아니고 단지 한순간의 감동
만으로 끝나는 것도 아닙니다. 스스로의 철저한 순종과 희생을 통하여 하
나님께 바쳐지고 그 가운데서 하나님이 주시는 신령한 영적 체험이 있을
때에 어떤 어려움이 와도 흔들리지 않는 뿌리 깊은 믿음이 될 수 있는 것
입니다.

성경에 나타난 하나님께 쓰임 받은 일꾼들의 공통된 점이 모두가 신령한
영적 체험이 있은 다음에 하나님께 붙들려 쓰임 받았다는 것입니다. 바울
은 다메섹 도상에서 부활하신 예수 그리스도를 만났습니다. 그리고 그는
철저히 헌신된 하나님의 일꾼이 되었습니다. 모세도 마찬가지입니다. 호
렙산 가시떨기 아래서 그는 하나님을 체험한 후에 이스라엘 백성을 인도
하는 이스라엘의 목자가 될 수 있었습니다. 베드로는 오순절의 성령강림
을 체험한 후에 대 사도로서의 면목을 드러냈습니다. 신령한 영적 체험은
우리에게 확신을 더해줍니다.

그렇습니다. 신앙 생활을 잘하려면 교회생활에 뿌리를 깊이 내려야 합
니다.

- 교리적으로 뿌리를 내립시다.
- 인간 관계로 뿌리를 내립시다.
- 봉사의 땀방울로 뿌리를 내립시다.
- 영적 체험으로 뿌리를 내려야 합니다.

그래야만 이사야서 27:6절에서 말씀한 대로 움이 돋고 꽃이 피어 결실하게 될 것입니다.

◈ **생각해 봅시다.**

1) 우리 신앙 생활의 텃밭은 무엇입니까?
2) 교회 생활에 뿌리를 내리기 위해서는 어떻게 해야 합니까?
3) 당신은 우리 교회에 어느 정도의 뿌리가 박혔다고 생각하십니까?

40주 / 목회자와 좋은 관계를 유지해야 합니다.

히브리서 13:17-19

세상에 목사는 많습니다. 그리고 교인도 많습니다. 그러나 모든 목사가 나의 목자일 수는 없습니다. 또한 모든 교인이 나의 교인일 수도 없는 것입니다. 성도에게는 하나님이 붙여 주신 목자가 있습니다. 목사에게는 하나님이 붙여주신 양이 있습니다. 목회자는 주님께서 그의 택하신 백성들을 먹이고 인도하고 기르기 위해 세우신 직분입니다. 즉 주님을 대신하여 이 땅에서 일하는 사람이 목회자입니다.

신앙 생활을 잘하기 위해서는 무엇보다도 영적 지도자인 목회자와 좋은 관계가 유지되어야 합니다. 좋은 관계를 맺는다는 것은 무엇을 말하는가 하면 목사와 교인의 관계가 아닌 목자와 양의 관계를 유지하는 것을 의미합니다. 어떤 이유에서든 관계가 파괴되어 서먹서먹해지면 성도 개인의 커다란 영적 손실이 아닐 수 없습니다. 그러므로 성도는 언제나 목자와 좋은 관계를 유지해야 합니다.

1. 목자와 좋은 관계를 유지해야 할 이유는 무엇인가요?

① 영적 양식이 그를 통해 공급되기 때문입니다.

주님은 베드로에게 "내 양을 먹이라."라고 하였습니다. 주님의 양들을 목회자에게 맡겨 먹이게 하신 것입니다. 하나님께서 양들에게 먹일 영적 양식을 목자를 통해 공급하십니다. 그러므로 성도에게 있어서 목회자의 설교나 권면이 하나님의 말씀으로 들려져야 합니다. 그렇지 못하고 목사 개인의 말로 들려지면 그것은 목자와 양의 관계는 아닙니다.

목사가 말씀을 전할 때 또는 목회적인 권면이나 치리를 행사할 때는 목사 자신의 인간적 권위로 행하는 것이 아닙니다. 살아 계신 하나님의 권위로 행하는 것입니다. 그러기 때문에 목회자를 통해서 하나님의 권위를 느낄 수 있어야 합니다. 그런데 목사와의 관계가 깨어지면 아무리 하나님의 권위로 행하는 목회적 행위라 해도 인간적으로만 보여지기 때문에 본인에게 영적인 면에서 커다란 불행이 아닐 수 없습니다.

바울은 데살로니가 성도들이 자신의 전하는 말씀에 대하여 사람의 말로 받지 않고 하나님의 말씀으로 받음으로 그 말씀이 그들 속에서 살아 역사한다고 언급하였습니다(살전 2:13).

② 축복권이 그에게 있기 때문입니다.

하나님은 사람을 창조하시고 맨 처음 하신 일이 복을 주신 일입니다. 인생들은 하나님이 베푸신 복을 받으며 살도록 하신 것입니다. 그런데 인간들이 죄를 범하여 하나님의 축복에서 끊어지고 말았습니다. 그 이후로 온갖 불행과 고통이 찾아왔습니다. 행복이 없어진 것입니다. 그러나 비록 하나님의 복에서 떠나간 백성들이지만 하나님은 그의 대리자를 세워 끊임없이 복을 빌라고 말씀하셨습니다. 제사장들이 바로 그들입니다. 민수기 6:27절에 보면 제사장들에게 "이스라엘 자손들에게 축복할지니 내가 그들에게 복을 주리라."라고 말씀하셨습니다. 구약시대 제사장들에게 주었던 축복권을 신약시대에는 목사들에게 주어졌습니다. 그래서 바울은 그의 양떼들을 향하여 언제나 축복권을 행하고 있는 것을 봅니다(살전 5:23 ; 살후 3:16).

목회자는 하나님이 주신 축복권을 가지고 주님의 양떼들을 위해 복을 빌고 하나님은 백성들에게 복을 주신다고 말씀하였습니다.

③ 목회자는 성도들을 위해 기도합니다.

목사는 자신에게 맡겨주신 양떼들을 사랑하며 그들을 위해 목회의 사역을 감당합니다. 말씀을 전하여 영적 양식을 먹이고 성도 한 사람 한 사람을 가슴에 품고 사역합니다. 히브리서 13:17절에 보면 목사는 양들을 위해 경성하기를 자기가 회계할 자인 것처럼 한다고 하였습니다. 성도 하나가 잘못되면 자신이 잘못하여 그러한 줄로 알고 아파하는 것이 목사의 심정입니다. 이것은 목사가 가진 양들을 위한 중보 기도권입니다. 아브라함이 간절히 기도했을 때 하나님이 소돔성을 멸하시는 중에서도 그를 생각하여 롯을 구원하신 것처럼(창 19:29) 목회자가 가슴에 품고 기도하는 것을 하나님은 기억하시는 것입니다. 그러므로 성도는 목회자의 가슴에 있는 자가 되기 위해서 그와 좋은 관계를 유지하여야 하는 것입니다.

2. 어떻게 하면 좋은 관계를 유지할 수 있을까요?

① 순복해야 합니다(17절).
참된 목자는 선한 의도를 가지고 양을 대합니다. 그가 목회의 걸림돌이 되고 가시가 된다 해도 그를 가슴에 안고 아픔을 견디는 것입니다(18절). 왜냐하면 하나님의 일을 하기 때문입니다. 그렇다면 양은 목사에 대하여 순종해야 합니다.

② 목양의 사역을 기쁨으로 할 수 있게 해야 합니다.
목사가 목회를 근심으로 하게 되는 때는 양들이 목사를 주의 사자로 여기지 않을 때입니다. 목사는 자신의 권위에 의해 인정되는 것이 아니라 하나님의 권위에 의해 인정될 때 가장 큰 기쁨이 있습니다. 그리고 진심에서 우러나오는 인격적, 물질적 대접은 목사가 목회의 보람을 느끼며 일할 수 있게 되는 동기가 됩니다.

③ 목회자를 위하여 기도해야 합니다.
본문 18절에 "우리를 위해 기도하라"라고 하였고 19절에서도 "너희 기도함을 더욱 원하노라"라는 요청이 있습니다. 목사도 인간이기 때문에 지치고 상처받아 고민할 때가 있습니다. 이럴 때 사랑하는 양들의 눈물어린

기도는 샘솟는 힘을 줍니다.

그렇습니다. 신앙 생활을 잘하려면 목회자와 좋은 관계를 유지하여야 합니다. 영의 양식을 공급받기 때문입니다. 축복권이 그에게 있기 때문입니다. 즐거움으로 그 일을 감당할 수 있도록 하는 것은 신앙 생활을 잘하고 영육간에 복을 받는 지름길입니다.

◆ 생각해 봅시다.

1) 나는 목회자와 좋은 관계를 맺고 있는지 생각해 봅시다.

2) 만일 좋지 않은 관계라면 그 이유가 무엇입니까?

3) 목사님이 하시는 말씀에 순종을 잘하는 편입니까?

4) 당신은 담임 목회자에 대해서 얼마나 신뢰하고 있으며 그 이유는 무엇입니까?

5) 당신은 담임목사와 어떤 관계입니까?

　① 양과 목자의 관계

　② 목사와 교인의 관계

10월

✝

구원의 확신을 가져야 합니다.
천사의 존재를 알아야 합니다.
사탄의 존재를 알고 대적합시다.
인생의 의미를 알고 삽시다.

41주 / 구원의 확신을 가져야 합니다.

고린도후서 13:5

예수 그리스도를 구주로 영접하고 입으로 시인한 사람은 구원받은 사람입니다. 성령이 그에게 임하여 그를 하나님의 자녀로 거듭나게 했기 때문입니다. 그런데 사도 바울은 고린도후서 13:5절에서 "너희가 믿음에 있는가 자신을 시험하고 확증하라"고 권면하고 있습니다. 확증이란 의심할 수 없는 증거를 의미합니다. 구원받은 사람에게는 믿어지는 믿음이 있습니다. 믿어지는 믿음은 성령이 주시는 것입니다. 성령 받은 사람에게만 있는 하나님의 선물입니다. 그러나 하나님이 주신 믿음이 있으면서도 구원에 대한 확신을 갖지 못하는 경우가 있습니다. 흔히 "지금 이 시간에 주님이 오셔도 영접할 준비가 되어 있습니까?"라고 묻거나 "지금 죽어도 천국 갈 수 있습니까?"라고 물으면 그렇다고 확신있게 대답하지 못하고 주저하는 경우가 있습니다.

1. 그 이유는 무엇일까요?

① 구원의 교리를 이해하지 못했기 때문입니다.

구원은 은혜로 받은 것이지 인간의 공로나 행위로 받은 것이 아닙니다. 구원에 대한 확신을 갖지 못한 사람들을 보면 자기 자신이 하나님께 무엇인가 부족하여 천국에 들어가는데 필요한 자격을 갖추지 못하였다는 생각을 가지고 있습니다. 교회생활을 충실히 못했다든지, 헌금이나 또는 봉사를 못했다든지, 그리고 착한 일을 많이 못했다든지 하는 것 말입니다. 그래서 나 같은 사람도 구원을 받을 수 있을까 하는 의심을 갖습니다. 그러나 성경은 구원 받기 위해서 인간이 할 일이라곤 오직 예수 그리스도를 마음으로 믿고 영접하는 것밖에 없다고 말합니다(행 2:37-39). 그 외에 다른 종교적인 행위는 필요치 않습니다. 다만 종교적인 행위가 필요하다면 구원받은 그 은혜가 감사해서 신앙의 표현, 또는 사랑의 표현으로 드리는 것이지 결코 구원의 조건이 될 수 없는 것입니다.

② 자범죄로 인한 양심의 가책(사단의 정죄) 때문입니다.

구원받은 성도도 때때로 넘어지고 사탄의 유혹 때문에 죄에 빠지기도 합니다. 그것은 우리가 아직 육체를 입고 있기 때문이며 여전히 사단의 세력은 구원받은 성도들을 넘어뜨리기 위해 강하게 역사하고 있기 때문입니다. 그러나 성도들에게는 이미 예수 그리스도로 말미암아 사죄가 선포되었습니다. 우리가 우리의 죄를 자백하면 미쁘신 하나님께서 사하시고 깨끗하게 하신다고 말씀하셨습니다(요일 1:9). 즉 자범죄에 대해 자백하면 사하시는 것입니다. 그러나 죄의 흔적은 양심의 상처로 남아있게 됩니다. 사단은 죄로 연약해진 성도의 양심을 공격합니다. 즉 사죄 받은 죄의 흔적을 공격하여 양심의 가책을 갖게 하는 것입니다. 그래서 그 가책 때문에 구원의 확신을 얻지 못하게 합니다. 하나님은 우리가 죄를 범했을지라도 십자가를 지신 예수 그리스도의 속죄를 믿고 자백(회개)한 죄는 그의 흘리신 피로 깨끗하게 하시고 다시는 기억하지도 않으시는 분이십니다.

2. 왜 구원의 확신을 가져야 할까요?

① 마귀를 이기기 위해서입니다.

마귀는 할 수만 있으면 택한 사람, 즉 사죄의 은총을 입은 사람까지 자기 편에 끌어들이기 위해 온갖 유혹으로 역사합니다. 끊임없이 하나님의 사람들을 정죄하여 주님의 은혜와 사랑과 용서에 대해 의심하게 만듭니다. 확신 없는 신자는 이러한 마귀의 정죄에 넘어가 상처를 입고 참된 신앙에서 멀어지고 맙니다. 그러므로 구원에 대한 확신을 가지고 마귀를 대적해야 합니다.

② 능력 있는 신자가 되기 위해서입니다.

확신 없는 신자는 무기력증에 걸립니다. 확신을 가지면 무엇이든 행할 수 있는 능력이 믿음으로부터 나옵니다.

③ 주의 일을 감당하기 위해서입니다.

확신 없이는 사명을 잘 감당할 수 없습니다. 주님에 대해 의심하면서 주를 위해 목숨 바쳐 희생하진 않을 것입니다. 구원의 확신이 없는 사람도 마찬가지입니다. 구원받은 확신 없이는 주님께서 내게 주신 일들을 감당할 수 없습니다.

3. 구원의 확신을 가져야 할 성경적인 근거는 무엇입니까?

① 하나님의 용서하심에 있습니다.

그리스도를 믿고 회개하는 자에 대한 하나님의 용서는 너무도 확실합니다. 우리의 허물을 도말하고 도말한 그 죄를 다시는 기억지 아니하리라고 말씀하셨습니다(사 43:25). 하나님의 용서가 이렇게 확실하기 때문에 우리는 구원받은 확신을 가져야 합니다.

② 하나님의 간과하심 때문입니다.

간과(看過)라는 말은 "대강 보아 넘기다"라는 의미입니다. 전에 지은 죄를 예수 그리스도 안에서 대강 보아 넘기는 것이 간과입니다. 구원받은 자들의 지난날의 죄를 대강 보아 넘기고 문제삼지 않겠다는 뜻입니다(롬 3:25 ; 요일 1:9). 그러기에 우리는 구원에 대해 확신해야 합니다.

③ 예수 안에 있으면 정죄함이 없기 때문입니다.

로마서 8:1-2절에 보면 "이제 그리스도 예수 안에 있는 자에게는 결코 정죄함이 없나니 이는 그리스도 예수 안에 있는 생명의 성령의 법이 죄와 사망의 법에서 너를 해방하였음이라" 라고 하였습니다. 예수 그리스도께서 흘린 속죄의 피로 말미암아 죄와 사망의 법에서 해방되었기 때문에 구원의 확신을 가질 수 있는 것입니다.

④ 은혜로 받은 구원이기 때문입니다.

우리가 공로가 있어서 구원받은 것이 아니라 어차피 처음부터 구원받을 수 없는 존재인 우리들에게 하나님은 놀라운 은혜를 베푸신 것이 구원이기 때문에 우리는 그 은혜로 확신해도 됩니다(엡 2:5-8 ; 롬 4:4-6).

4. 구원 받은 사실을 어떻게 알 수 있습니까?

① 예수를 입으로 진심으로 시인하고 고백했습니까?(롬 10:9-10).

인위적인 믿음이 아닌 믿어지는 믿음이 생깁니다. 고난이나 환난이 와도 순교할지언정 주와 성경의 진리들을 부인하지 않는 믿음이 생깁니다.

② 신앙의 열매가 나타납니다(고후 5:15 ; 요일 3:14).

그렇습니다. 힘껏 주의 일을 다하고 쓰임받기 위해서 뚜렷한 확신을 가집시다. 구원에 대해 의심하는 사람은 주의 일을 할 수가 없습니다. 큰 확신의 사람을 하나님이 복 주시고 들어 쓰시는 것입니다.

◆ 생각해 봅시다.

1) 구원의 확신을 가지지 못하게 하는 여러 가지 이유들에는 무엇이 있습니까?
2) 당신은 구원받았습니까? 그렇다면 그 근거는 무엇입니까?
3) 오늘밤에 당신의 영혼이 부름을 받는다 해도 하나님께 설 자신이 있습니까?
   그렇지 않다면 그 이유가 무엇입니까?
4) 성도가 구원에 대하여 확신하여야 할 성경적 이유를 말해봅시다.

42주 / 천사의 존재를 알아야 합니다.

히브리서 1:14

　어느 날 아프리카의 한 선교사가 집을 비운 채 오지로 선교여행을 떠나게 되었는데 그 사이에 도둑이 들었습니다. 도둑은 선교사의 집에서 물건들을 훔치기 위해 문을 열고 안으로 들어갔는데 그 집안에 칼을 든 16명의 군사가 서있는 것을 보고 놀라 도망쳐 버렸습니다. 도둑이 나중에 복음을 듣고 예수를 믿게 되었을 때 그러한 사실을 간증하였습니다. 하나님은 천사를 보내어 선교사의 집을 지키셨던 것입니다. 천사는 성경에 아주 많이 등장합니다. 천사에 대하여 알아보겠습니다.

1. 천사는 어떤 존재인가요?
　성경에서 천사라는 말은 창세기 16:7절에서 처음 나타납니다. 사막에서 길을 잃은 하갈에게 나타나서 도움을 주었습니다. 마태복음 18:10절에서는 소자를 지켜주는 천사에 대해 주님이 말씀하셨습니다. 예수님이 천사의 존재를 인정하시고 언급하신 것입니다. 바울도 천사의 존재를 믿었습니다(골 2:18 ; 살후 1:7). 골로새서 1:16절에 의하면 천사는 창조된 존재입니다. 어느 시기인지 알 수는 없지만 물질세계가 창조되기 전에 하나님이 만드셨습니다.

　① 영적 존재입니다.
　천사는 육체가 없습니다. 영적 존재입니다. 그래서 인간법칙에 얽매이지 않습니다. 시간과 공간을 초월할 수 있습니다. 잠겨진 감옥에도 들어갈 수 있고 옥문을 열 수도 있습니다(행 12:7). 그러나 하나님의 피조물이기 때문에 신은 아닙니다. 단지 영적인 존재일 뿐입니다. 그러므로 천사는 숭배의 대상이 아닙니다. 천사 숭배는 우상숭배입니다.

② 부리는 영입니다.

히브리서 1:4절에 의하면 "부리는 영"이라고 하였습니다. 하나님은 천사를 자기의 사역자로, 심부름꾼으로 사용하십니다. 하나님의 부리는 영으로서 다음과 같은 일들을 수행하고 있습니다.

하나님을 찬송하는 일입니다.

하늘에서 하나님께 경배하며 영광 돌리는 일을 하는 스랍 천사들이 있습니다(사 6:2-3).

계시를 전달하는 일입니다.

히브리서 2:2절에 보면 "천사들로 하신 말씀"이라는 말씀이 있습니다. 사도행전 7:53절에 보면 "너희가 천사의 전한 율법을 받고도 지키지 아니하였도다"라는 말씀이 있습니다. 하나님이 천사들을 통해서 인간들에게 계시와 그 말씀을 전달하였기 때문입니다. 마리아에게 예수님의 잉태를 고지하였고(마 1:23), 다니엘에게 세상 마지막 때의 계시를 전달하였습니다(단 8:16).

하나님의 심판을 수행합니다.

범죄한 인간을 심판하시는 하나님의 일을 하기도 합니다. 민수기 22:22절에서는 물질에 미혹된 발람 선지자에게 천사가 나타나서 책망하고 있으며 사도행전 12:23절에서는 하나님의 영광을 가로챈 헤롯 왕에게 천사가 하나님의 심판을 대행하여 죽게 하였습니다. 특히 요한계시록 20:2-3절에 보면 마지막 심판 날에는 마귀를 결박하여 감금하는 일을 할 것입니다.

성도들을 보호하는 일입니다.

구원받은 성도들을 인도하며 보호하는 일을 합니다. 사자굴 속에 던져진 다니엘을 그 천사를 보내어 살리셨습니다(단 6:22). 그리고 옥에 갇힌 베드로를 하나님의 천사가 구출하였습니다(행 12:7). 마태복음 18:10절에서 주님은 소자 하나도 업신여기면 안되는 이유가 그의 천사가 하늘에서 하나님께 보고하기 때문이라고 하였습니다. 이것은 구원얻는 성도들에게 하나님이 보내신 천사가 함께한다는 것을 의미합니다. 히브리서 1:14절에서 분명히 모든 천사들을 부리는 영으로서 구원 얻을 후사들을 위하여 섬기라고 보내신 존재라고 말합니다.

성도들의 기도를 하늘 보좌로 상달하고 응답을 가지고 내려옵니다.
요한계시록 8:3절은 성도들이 하나님께 기도하면 기도를 향로에 담아 하늘 보좌로 올리며 하나님으로부터 응답을 받아 내려온다고 합니다. 그리고 다니엘서 9:23절에서 다니엘의 기도에 대한 하나님의 응답을 받아 가지고 전달합니다.

2. 조직과 수
천사 세계는 서열의 조직이 있는 것으로 성경은 묘사하고 있습니다. 그리고 수효에 있어서는 셀 수 없이 많습니다(계 5:11 ; 히 12:22 ; 마 26:53).

① 스랍 천사와 그룹 천사
스랍 천사의 무리는 하늘의 찬양대와 같은 역할을 하는 천사들입니다. 하나님의 보좌에서 하나님을 찬양하는 일을 합니다(사 6:2-3). 그룹 천사는 하나님의 영광을 드러냅니다(창 3:24 ; 겔 11:22 ; 히 9:5). 하나님의 거룩성과 영광을 위하여 하늘의 전쟁을 수행하는 천사들입니다.

② 가브리엘과 미가엘 천사
성경에서 가브리엘 천사는 계시의 전달자로서 특별한 위치에 있습니다. 그가 다른 천사들보다 특별한 지위에 있었다는 것을 의미하는 것입니다. 그리고 미가엘 천사는 천사장이라고 유다서 1:9절에서 호칭되어지고 있으며, 다니엘 10:13절에서는 군장이라고 불리어지고 있습니다. 이러한 사실로 보아 천사세계에는 서열과 계급이 있음을 알 수 있습니다.

3. 천사의 타락(겔 28:13-19)

천사는 피조물로서 하나님에 의해 거룩하고 순수하게 인격적인 존재로 창조되었습니다. 그러나 천사들 중 어떤 무리가 하나님께 반역하고 죄를 짓게 되었습니다(벧후 2:4).

① 타락한 천사들이 지은 죄는 무엇일까요?

그것은 유다서 1:6절에 의하면 자기지위를 지키지 않은 죄 즉 교만 죄입니다. 즉 하나님처럼 높아지려고 한 것입니다(겔 28:13-19).

② 천사 타락의 결과는 무엇입니까?

타락을 주도한 천사장은 사탄이 되었고 함께 타락한 천사의 무리들은 악한 영들이 되었습니다. 그리고 그들의 얼마는 결박되어 흑암에 가두어졌고(유 1:6) 얼마는 세상으로 쫓겨나 인간들을 유혹하여 죄를 짓게하고 하나님께 반역하는 활동을 하고 있습니다. 그러나 그들의 운명은 마지막 심판 때에 하나님의 진노를 받아 불 못에 던지우는 것입니다(계 20:14 ; 마 25:41). 천사들이 죄를 지었을 때는 하나님은 그들을 위해서 구세주를 예비하시지 않으셨습니다. 그러나 인간들을 위해서는 구세주를 준비하시고 그 은혜를 받게 하셨습니다. 언젠가는 구원받은 성도들이 타락한 천사들을 심판할 날이 올 것입니다(고전 6:3). 하나님은 천사를 부리시는 분이십니다. 하나님은 천사를 통해서 예수를 믿는 우리를 도우십니다.

◆ 생각해 봅시다.

1) 전에는 천사에 대해서 어떻게 생각하고 있었습니까?
2) 천사는 어떤 존재입니까?
3) 천사가 하는 일이 무엇입니까?

43주 / 사탄의 존재를 알고 대적합시다.

벧전 5:8-9, 약 4:7

성경은 하나님의 권세와 능력에 대항하여 역사하는 악한 영의 존재가 있다는 것을 말하고 있습니다. 그것은 사탄과 귀신의 세력입니다. 이 세력들은 끊임없이 하나님을 대적할 뿐 아니라 그의 택한 백성들까지 유혹하여 넘어지게 만들고 지옥에 끌고 가려고 온갖 역사를 다하고 있습니다. 마귀의 정체를 알아야 승리하는 신앙 생활을 할 수 있습니다.

1. 사탄의 기원
사탄은 타락한 천사로서 피조물입니다. 하나님께서 세상을 만드실 때 영적 세계를 먼저 만드셨는데 그때 천사를 창조하셨습니다. 창조된 천사 중에는 하나님의 거룩성을 수호하는 그룹 천사의 무리가 있었습니다. 그들이 하나님께 반역을 했습니다(겔 28:14). 그룹 천사 중에서 으뜸이었던 루시퍼(사 14:12, 아침의 아들 계명성)가 스스로 자만과 오만에 빠져 하나님의 권세와 영광에 도전한 것입니다. 그 결과 저주받아 세상으로 쫓겨난 존재입니다(겔 28:12-19 ; 사 14:12-17). 그러므로 사탄은 결코 신이 아닙니다. 숭배의 대상도 아닙니다. 단지 범죄하여 쫓겨난 피조된 영물일 뿐입니다.

2. 사탄의 죄
사탄의 죄는 교만입니다(딤전 3:6). 자기 지위를 지키지 않은 것입니다(유 1:6). 하나님처럼 되려고 했던 것입니다(사 14:13). 그 죄를 인간에게 그대로 나타냈습니다. 하와를 유혹하면서 하나님이 금하신 열매를 먹는 날에는 눈이 밝아져 하나님처럼 되리라고 말하였는데 그것은 사탄이 가지고 있던 욕망이었습니다. 스스로 높아져 하나님이 되려고 한 것입니다. 이것이 사탄의 죄입니다.

3. 사탄의 조직

하늘에서 타락이 있을 때에 많은 천사의 무리가 사탄의 타락에 동참하였습니다. 그들 중 일부는 반역 즉시 결박되어 흑암에 갇혔으며(유 1:6) 일부는 악한 영이 되어 세상으로 쫓겨나 공중 권세 잡은 자가 되었습니다(엡 2:2). 사탄(마귀)은 귀신의 왕입니다. 그리고 귀신은 사탄을 부리는 영으로 그의 하수인입니다. 심부름꾼이라는 것입니다.

4. 사탄의 인격

사탄은 인격적인 존재지만 그 인격은 타락하여 악 성향만 남았습니다. 모든 악의 근본이며 세상의 모든 악함이 사탄의 영향에서 온 것입니다. 사람들은 자신의 악함이나 더러움을 인간이 가진 약점으로만 이해할 뿐 사탄의 영향에서 온 것이라는 사실을 인정하려 하지 않을 때가 있습니다. 그러나 사탄의 악한 인격은 오늘날 비그리스도인들 모두에게 그리고 때로는 그리스도인들에게까지 영향을 미치고 있는 것입니다.

5. 사탄의 활동

① 하나님께 대항합니다.

사탄의 활동은 첫째가 하나님께 반역하는 것입니다. 하나님의 일을 파괴하고 하나님의 뜻을 거스려 반대되는 행동만 합니다.

② 하나님의 피조물인 인간을 대적합니다.

사탄은 뱀으로 변장하여 최초 인간 아담과 하와를 유혹함으로써 자신의 반역에 동참시켰습니다. 그리고 악한 영들을 조종하여 사람들이 하나님께로 돌아오는 것을 방해하고 있으며 인간들이 하나님을 떠나 죄와 저주 아래 살도록 적극적으로 활동하고 있습니다. 사탄이 악한 영들을 통하여 인간을 대적하는 모습은 다음과 같습니다.

삼킬 자를 두루 찾고 있습니다(벧전 5:8).
할 수만 있으면 구원받은 성도들까지도 미혹하려고 갖은 수단과 방법을 다 동원하여 역사하고 있습니다.

진리의 말씀이 뿌려진 성도들의 마음에 나쁜 가라지 씨를 덧뿌립니다(마 13:25,30).
가라지는 이단의 교리를 의미합니다. 진리에서 벗어나 거짓되고 잘못된 이단의 이론에 빠지게 하여 영혼을 빼앗아갑니다.

사람들의 마음을 혼미케 만듭니다(고후 4:4).
사탄이 믿지 아니하는 사람들의 마음을 혼미케 하여 복음의 광채가 그들에게 비취지 못하게 한다고 하였습니다.

성도들을 밤낮 참소합니다(계 12:10).
사탄은 그리스도의 보혈로 사함 받은 성도들의 용서받은 죄까지도 끄집어내어 끊임없이 하나님께 고소합니다. 어떻게 해서든지 영혼을 빼앗으려 하는 것이 사탄의 작전입니다.

그리스도인들을 시험합니다(눅 22:31).
성도들을 밀 까부르듯 하려고 하나님께 청구합니다. 하나님이 허락하시면 온갖 방법으로 성도들의 믿음을 시험하기도 합니다.

사람의 육신을 파괴하기도 합니다(고전 5:5).
환난과 재난 또는 질병을 갖다 주어 사람의 육신을 파괴하기도 합니다. 그러나 어디까지나 하나님의 허락하심이 있어야 됩니다. 왜냐면 모든 우주 만물은 하나님의 거룩한 뜻에 의해 다스려지기 때문입니다.

6. 사탄의 종말

지금은 공중권세를 잡아 세상 모든 사람들을 미혹하며 악한 영향을 강하게 주고 있으나(엡 2:2) 결국은 하나님의 심판을 받아 영원한 불에 던지우게 될 것입니다(마 25:41).

7. 사탄을 이길 수 있는 능력

- 예수의 이름입니다(마 16:17).
- 예수의 보혈입니다(계 12:11).
- 하나님의 말씀입니다(히 4:12).
- 성령의 전신 갑주입니다(엡 6:10-11,13).

사탄은 대적해야 할 존재입니다. 성도는 주님의 능력을 힘입어서 끊임없이 사탄과 싸워야 합니다. 그러기 위해서는 사탄의 정체를 알고 항상 근신하고 깨어 있어야 합니다. 마귀에게 허점을 보여서는 안 됩니다. 성령의 전신갑주로 무장하고 적극적으로 대적하여야 합니다. 마귀는 이미 예수 그리스도의 십자가를 통하여 심판을 받았습니다. 이미 그의 머리는 예수 그리스도의 발에 밟혀 깨어진 것입니다. 주 믿는 성도들은 예수의 이름으로 마귀를 이길 수 있습니다.

◆ **생각해 봅시다.**

1) 사탄의 죄는 무엇입니까?
2) 사탄의 존재를 두려워하고 있습니까?
3) 사탄이 하는 일은 무엇입니까?
4) 사탄을 이길 수 있는 능력은 무엇입니까?
5) 사탄의 최종 운명은 어떻게 될까요?

44주 / 인생의 의미를 알고 삽시다.

시편 90:9-10

중국의 진시황은 12살에 중국 진나라의 황제가 되었고 38세 때에 중국 온 땅을 통일하였습니다. 그는 세계 7대 불가사의 중의 하나인 만리장성을 쌓았으며 부인 13,000명을 두었는데 이들을 위하여 10,000개의 방이 있는 아방궁을 지었습니다. 이토록 세상의 쾌락이란 쾌락을 다 누리며 살아가던 진시황은 자기의 이러한 행복을 오래오래 누리기 위하여 온 천하에 불로초를 구하기 위해 사람들을 파견하였습니다. 그러나 이처럼 온갖 권세와 쾌락을 다 누리고 살아가던 그였지만 세월의 흐름은 결국 막지 못하여 그는 보통사람보다도 짧은 삶을 살고 말았습니다. 과연 산다는 것이 무엇일까요? 신앙 생활을 잘하려면 삶의 의미와 목적을 알아야 합니다.

1. 성경이 말하는 인생이란?

① 나그네 길 입니다.(창 47:9)

창세기 47:9절에서 애굽으로 내려간 야곱이 바로왕을 만나는 자리에서 바로가 나이를 물을 때 "내 나그네길의 세월이 얼마 못되니 일백삼십 년이니이다"라는 말을 합니다. 인생은 이 세상에서 저 세상으로의 여행입니다. 이 세상에 영원히 머물러 있지 않습니다. 인생은 나그네로 잠시 머무는 여관방 같은 것입니다.

② 안개와 같습니다(약 4:14).

야고보서 4:14 절에 보면 "내일 일을 너희가 알지 못하는도다 너희 생명이 무엇이뇨 너희는 잠깐 보이다가 없어지는 안개니라"라고 하였습니다. 안개는 잠깐 보이다가 없어지는 것입니다. 안개가 짙게 깔렸을 때는 아무 것도 보이지 않습니다. 마찬가지로 인생은 육체를 입고 사는 동안에 안개 속에서 사는 것처럼 1초 후의 미래를 알지 못하고 영원한 영적 세계를 보지 못합니다. 그러나 태양이 떠오르면 순간적으로 안개가 사라지고 온 세상을 볼 수 있는 것처럼 썩어질 육신을 벗는 날에 영원한 세계가 우리 앞에 펼쳐질 것입니다.

③ 피었다 지는 꽃과 같습니다(욥 14:1-2).

욥기 14:1-2절에 의하면 "여인에게서 난 사람은 사는 날이 적고 괴로움이 가득하며 그 발생함이 꽃과 같아서 쇠하여지고 그림자같이 신속하여서 머물지 아니하거늘"이라고 하였습니다. 아무리 아름다운 꽃도 영원히 아름답지 못하듯 인생도 마찬가지입니다. 청춘은 시들고 육체는 병들며 꿈은 사라질 것입니다. 인생은 잠시 피었다 지는 꽃과 같은 것입니다.

④ 그림자 같은 것입니다(시 39:6).

시 39:6절에 보면 "진실로 각 사람은 그림자같이 다니고 헛된 일에 분요하며 재물을 쌓으나 누가 취하는지 알지 못하나이다"라고 말하였습니다. 그림자는 허상입니다. 실체가 아닙니다. 솔로몬은 자신이 누렸던 부귀와 영화에 대해 인생 말년에 "모든 것이 헛되다"라는 고백으로 그의 인생을 결산하였습니다. 그림자를 좇아 살지 말아야 합니다. 그림자는 빛이 존재할 때만 있는 것입니다. 태양이 없으면 그림자도 없습니다. 인생의 태양은 예수 그리스도입니다. 그분이 존재하므로 우리도 존재합니다.

2. 인생의 시작은 어디에서 출발할까요?

인생의 근본은 하나님으로부터입니다. 창세기 2:7절에 보면 여호와 하나님이 흙으로 사람을 지으시고 생기를 그 코에 불어넣으셨습니다. 그 결과 사람이 생령이 되었다고 하였습니다. 인생은 하나님이 지으셨습니다. 하나님은 우리 인생에게 3가지의 생명을 주셨습니다.

① 육체적 생명입니다.

육체를 입고 살아가는 모든 사람들이 누리는 생명입니다. 영혼과 육체의 결합으로 이루어진 살아 있는 상태입니다.

② 영적 생명입니다.

영적 생명은 창조주 하나님과 긴밀한 영적 관계 즉 신비적 연합을 통해서 주어진 생명입니다. 우리가 하나님 안에서 살아가는 것이 영적 생명입니다. 살았으나 하나님 없이 사는 것은 영적으로는 죽은 것입니다.

③ 영원한 생명입니다.

우리의 육체와 영혼이 구원받아 천국에서 누리게 될 영원한 생명을 의미합니다. 욥기 1:21절에 보면 "주신 자도 여호와시요 취하시는 자도 여호와"라고 고백하고 있습니다. 이것은 우리의 생명의 주권이 하나님께 있다는 것입니다. 우리는 그것을 놓고 흥정할 수도 없습니다. 타협할 수도 없습니다. 다만 우리에게 주신 날들을 살아가면서 그분의 뜻을 이해하고 그 뜻을 이루어가야 하는 의무가 있을 뿐입니다.

3. 인생의 목적은 무엇입니까?

인생은 하나님의 피조물이기 때문에 스스로 목적을 갖지 않습니다. 인생을 창조하신 하나님께서 부여하신 뜻을 찾아 그것을 이루어 가는 것이 인생의 목적입니다.

① 영원을 준비하는 것입니다.

오늘은 우리가 땅에 존재하지만 얼마 후에는 우리가 어디에서 영원을 보낼 것인가를 생각해야 합니다. 인생은 긴긴 영원을 준비하기 위한 한 순간인 것입니다. 하나님께서는 사람들이 짧은 인생의 한 과정을 마치고 지낼 영원한 두 곳의 세상을 준비하였습니다.

 - 주 예수와 함께 영원히 사는 천국입니다.

 - 사탄과 함께 영원 고통받는 지옥 불입니다.

구원은 이 세상에 존재하는 동안에 결정되어집니다. 살아 있는 동안에만 기회가 주어집니다. 그러기에 인생은 영원을 준비하는 시간으로 허락하신 것입니다.

② 하나님의 영광을 나타내기 위해 존재합니다.

하나님의 뜻은 하나님이 찬송과 영광을 받으시는 것입니다. 그것이 인생을 창조하신 목적입니다. 그러기에 이사야 43:21절에서 "이 백성은 내가 나를 위하여 지었나니 나의 찬송을 부르게 하려 함이니라"라고 말씀하셨습니다. 그러므로 인생의 존재 목적은 "하나님의 영광을 위해서" 입니다. 결국 우리 인생의 삶은 하나님의 영광을 나타내는 일에 쓰여지고 도구가 되어야 합니다. 인생 자체가 목적이 아닙니다. 우리는 하나님의 목적을 이루기 위한 방법이요, 수단으로 존재할 때 존재의 의미를 찾을 수가 있습니다.

◈ 생각해 봅시다.

1) 성경에서 말하는 인생이란 무엇이라고 했습니까?

2) 인생의 시작은 어디로서인가요?

3) 인생이 이 땅의 생을 마치고 돌아갈 곳은 어디입니까?

4) 인생이 존재하는 진정한 목적은 무엇입니까?

5) 지금까지 인생의 목적을 어디에 두고 살아왔습니까?

11월

지옥을 알아야 합니다.

심판과 상급을 알아야 합니다.

천국을 알아야 합니다.

믿음의 덕을 세워야 합니다.

45주 / 지옥을 알아야 합니다.

마가복음 9:43-48

　어떤 목사님이 지옥에 대한 설교를 하고 났더니 예배 후에 한 교인이 말하기를 "목사님, 요즘 목사들은 설교에서 지옥에 대해 침묵하신 것도 모릅니까?"라고 하더랍니다. 그 때 목사님이 대답하기를 "사람들이 지옥에 대해 침묵할 수 있어도 지옥의 장소를 없앨 수는 없습니다"라고 했습니다. 그렇습니다. 지옥은 존재합니다. 미국의 조나단 에드워드 목사님은 "진노하시는 하나님의 손에 붙잡힌 죄인"이란 제목으로 설교를 했는데 그 설교가 얼마나 생생했는지 사람들은 지옥으로 떨어지지 않기 위해 의자를 붙들고 통곡하며 기도했다고 합니다. 사람들이 아무리 부인하려고 하여도 지옥은 엄연히 존재합니다. 성경이 그것을 가르치고 있습니다.

　시편 9:17절에 "악인이 음부로 돌아감이여 하나님을 잊어버린 모든 열방이 그리하리로다"라고 했고, 다니엘 12:2절에 "땅의 티끌 가운데서 자는 자중에 많이 깨어 영생을 얻는 자도 있겠고 수욕을 받아서 무궁히 부끄러움을 입을 자도 있을 것이라"고 했습니다. 그리고 마태복음 25:46절에 "저희는 영벌에, 의인들은 영생에 들어가리라"고 하셨고, 요한계시록 20:15절에 "누구든지 생명책에 기록되지 못한 자는 불못에 던지리라"고 말씀하셨습니다. 천국을 말씀하신 그 성경이 지옥에 대해서도 말씀하고 있습니다. 성경에서 지옥에 대해 162개의 인용구절이 있고 그 중 70번 이상을 주님께서 말씀하셨습니다. 천국이 존재하는 것처럼 지옥도 존재합니다.

1. 음부와 지옥

성경에서 지옥에 대해 "불못", "음부", "무저갱", "스올" 등의 명칭이 쓰여지고 있습니다. 이 명칭들은 다같이 지옥을 가리키는 말이지만 성경에서 사용될 때에 "음부"와 "지옥"은 적용상의 차이를 보이고 있습니다. 음부는 불신자들의 영혼이 가서 고통 당하는 곳입니다. 그리고 주님 재림 후에 이루어지는 대심판 전에 음부에 있던 영혼들이 나와 부활하게 되는데 부활한 육체와 함께 심판대에서 영원한 정죄를 받아 가는 곳이 지옥입니다.

2. 지옥은 어떤 곳인가?

① 하나님의 은혜가 사라지고 진노만 쏟아지는 곳입니다(계 14:10).
긍휼이 없고 구원의 문이 닫힌 상태입니다. 지옥에는 "주의 얼굴과 그 힘의 영광"이 비춰지지 않습니다(살후 1:8-9). "하나님의 진노의 포도주를 마시리니 그 진노의 잔에 섞인 것이 없이 부은 포도주라…불과 유황으로 고난을 받으리니", 긍휼 없는 진노의 포도주를 아무것도 섞은 것이 마시게 합니다. 진노의 잔을 받을지라도 은혜와 섞어 마시우게 하면 그것은 형벌이 아니라 사랑의 징계입니다. 그러나 지옥은 긍휼 없는 진노만 쏟아집니다.

② 행한 대로 받는 곳입니다.
불신앙 가운데 살며 악을 행한 그대로 보응을 받을 것입니다. 골로새서 3:25절에 "불의를 행하는 자는 불의의 보응"을 받는다고 하였고, "인자가 아버지의 영광으로 그 천사들과 함께 오리니 그 때에 각 사람의 행한 대로 갚으리라"고 하였습니다(마 16:27).

③ 꺼지지 않고 타오르는 불 못입니다. 구더기가 있는 곳입니다(막 9:44-48).
누가복음 16:24절에서 보면 음부에 떨어진 부자가 "불꽃 가운데서 고민"하고 있다고 합니다. 이 불은 영과 육을 태우는 하나님의 진노의 불입니다(신 32:22). 그리고 세상에서 온갖 더럽고 추잡한 일들을 하던 자들이 가는 곳이기에 그곳에는 구더기가 있습니다(막 9:48).

④ 다른 사람을 인식할 수 있고 인간의 기본적인 욕망이 여전히 있지만 그 욕구가 거부되는 곳입니다(눅 16:23-27).

음부에서 고통하던 부자는 낙원에 있는 나사로를 알아보았습니다(눅 16:23). 세상에서 보잘것없던 사람들이 주님의 은혜로 천국에 가서 복락을 누리는 것을 보고 세상에서 하나님의 은혜를 거부한 자신들의 죄가 얼마나 큰지를 깨닫게 됩니다. 그리고 뜨거움과 목마름을 호소하는 것을 보면 지옥에서 인간의 기본적인 욕구가 존재함을 알 수 있습니다. 그러나 욕망이 있으나 그것을 해소할 수 없는 것이 지옥의 고통입니다.

⑤ 영원히 고통받는 곳입니다(눅 16:23).

지옥의 형벌은 개선이나 발전을 위한 연단이 아니라 형벌이 목적이기 때문에 영원하고 끝이 없습니다. 최고의 고통이 영원히 계속됩니다. 유다서 1:7절에 "소돔과 고모라와 그 이웃 도시들도 저희와 같은 모양으로 간음을 행하며 다른 색을 따라가다가 영원한 불의 형벌을 받음으로라"라고 합니다.

3. 지옥의 존재 목적

① 범죄한 천사(사단)와 그의 추종자들을 벌하는곳이 지옥의 목적입니다.

지옥은 원래 인간을 위해 예비된 장소가 아니라 사탄과 사악한 천사들을 벌하기 위해 생긴 곳입니다. 지옥을 "마귀와 그 사자들을 위하여 예비된 영영한 불"이라고 합니다(마 25:41). 베드로후서 2:4절에 의하면 범죄한 천사들을 지옥에 던집니다. 인간들이 하나님의 뜻을 저버리고 사탄을 추종함으로써 사탄과 함께 지옥에 떨어집니다. 왼편에 있는 저주받은 자들은 마귀의 추종자들입니다. 그들은 마귀와 함께 영영한 불에 던져집니다(마 25:41).

② 하나님의 공의의 완전한 실현을 위해서입니다.

이 세상에서는 의인들이 고통을 받는 일이 있습니다. 그리고 그들이 이 세상에서 완전한 보상을 받지 못하고 천국에 가는 경우가 있습니다. 순교자들의 영혼이 대표적인 예입니다. 그리고 반대로 악인들이 이 세상에 완전한 형벌을 받지 않는 경우가 있습니다. 오히려 의인을 핍박하고 형통한 것을 봅니다. 그것이 전부라면 얼마나 불공평하고 불합리할까요? 의인의 입장에서 얼마나 억울한 일입니까? 그런데 그렇지 않습니다. 의인의 고통에 대하여는 천국의 보상과 위로로 갚으시고 악인의 형통한 것에 대하여 지옥의 형벌로 갚으십니다. 이것은 하나님의 공의가 완전히 실행되는 것을 의미합니다.

5. 지옥에 가는 자는 누구인가?

구원의 복음을 등한히 여기는 자들이 지옥에 갑니다. 히브리서 2:3절에 "우리가 이같이 큰 구원을 등한히 여기면 어찌 피하리요"라고 합니다. 이미 인간은 원죄로 인해 지옥에 처해질 운명이었는데 예수께서 인간의 죄를 지고 형벌을 담당하셨기 때문에 누구든지 예수를 구주로 믿고 영접하면 형벌이 면제되어 지옥에서 벗어나는 은혜를 입게 됩니다. 그러므로 지옥은 죄를 지은 사람이 아니라 죄를 지었어도 용서받지 못한 사람들이 가는 곳입니다. 인간의 죄 사함은 오직 예수 그리스도의 흘리신 피로 말미암기 때문에 사람이 예수 그리스도를 자신의 구세주로 받아들임으로써 지옥을 피할 수 있습니다. 예수 믿으면 지옥과 상관없게 되는 것입니다. 예수 그리스도에 대한 불신은 지옥으로 향합니다. 잠언 15:24절에 보면 "지혜로운 자는 위로 향한 생명 길로 말미암음으로 그 아래 있는 음부를 떠나게 되느니라"라고 합니다. 지옥을 알고 지옥 가지 맙시다. 그게 바로 신앙 생활 잘하는 것입니다.

◆ **생각해 봅시다.**

1) 하나님이 지옥을 만드신 이유(존재 목적)는 무엇입니까?
2) 성경에서 말하는 지옥은 어떤 곳이며 지옥에 대해 말하는 이유는 뭘까요?
4) 지옥에서의 벌의 정도에 대해 말해 보십시오.
5) 당신은 지옥의 실체를 인정하고 믿습니까?
6) 지옥으로 가지 않는 유일한 길이 무엇입니까?

46주 / 심판과 상급을 알아야 합니다.

디모데후서 4:7-8

　그리스도인은 반드시 하나님의 심판을 받는다는 것을 알고 있습니다. "한 번 죽는 것은 사람에게 정하신 것이요 그 후에는 심판이 있으리라"고 히브리서 9:27절에서 말씀했기 때문입니다. 사람에게는 성공과 실패, 행복과 불행, 영광과 수치를 결정하는 세 개의 심판이 있습니다. 첫째는 자기 양심의 심판이며, 둘째는 다른 사람의 심판이며, 셋째는 하나님의 심판입니다. 보통 사람은 다른 사람의 심판을 의식합니다. 그러나 하나님의 사람들은 하나님의 심판을 두려워합니다.

1. 심판이란 두 가지 뜻이 있습니다.

　하나는 죄를 판단하는 심판이며 또 다른 하나는 상급을 판단하는 심판입니다. 하나님을 믿지 않는 자는 정죄 심판을 받습니다. 그러나 그리스도의 보혈로 구원받은 성도는 정죄 심판을 받지 않습니다. 그리스도인들은 상급 심판을 받습니다. "우리는 다 반드시 그리스도의 심판대 앞에 드러나 각자 선악간에 그 몸으로 행한 것을 따라 받으려 함이라"고 고후5:10절에 말씀합니다.

　성도의 삶은 하나의 경주입니다. 심판관이 경주마다 주시하고 계십니다. 하나님은 각 사람의 공적에 따라 상급을 주시기 위하여 모든 선수들을 심판대 앞에 모으실 것입니다. 요한계시록 22:12절에는 "보라 내가 속히 오리니 내가 줄 상이 내게 있어 각 사람에게 그의 일한 대로 갚아 주리라"고 하였고, 마태복음 16:27절에는 "인자가 아버지의 영광으로 그 천사들과 함께 오리니 그때에 각 사람의 행한 대로 갚으리라"라고 합니다.

2. 성도는 하늘의 상을 사모해야 합니다.

"하나님께 나아가는 자는 반드시 그가 계신 것과 자기를 찾는 자들에게 상주시는 이심을 믿어야 한다"고 히브리서 11:6절은 말합니다. 그러므로 하나님의 상을 바라지 않는 것은 부족한 신앙입니다. 우리는 주님께서 우리에게 줄 상이 무엇인지 알아야 합니다. 그러나 상은 상금에 가치가 있는 것이 아니라 상주시는 분이신 하나님의 인격과 칭찬과 명예에 가치가 있습니다. 모세는 장성하여 바로의 공주의 아들이라 칭함을 거절하고 도리어 하나님의 백성과 함께 고난받기를 잠시 죄악의 낙을 누리는 것보다 더 좋아하였으니 그것은 하늘의 상을 바라보았기 때문이었습니다(히 11:24-26).

믿음은 분명한 가치관을 가지고 나아가는 확신입니다. 현재의 고난은 장차 우리에게 나타날 영광과 족히 비교할 수가 없습니다(롬 8:18). 그러므로 성도는 거룩한 야심을 가져야 합니다. 하늘의 상을 바라보는 것입니다. 하늘의 상을 사모할수록 우리의 삶은 성결하여집니다. 우리의 인격은 고귀하여집니다. 하늘의 상은 단지 미래에만 국한된 것이 아닙니다. 마가복음 10:29-30절에 나오는 주님의 말씀대로라면 먼저 땅에서 받습니다. 100배로 받을 것입니다. 그리고 하늘에서 영생으로 받습니다.

3. 상급에는 몇 가지 원칙이 있습니다.

① 행한 대로 받습니다. 계 3:8, 2:19
② 심은 대로 받습니다. 고전 15:43-44 ; 고후 9:6
③ 베푼 대로 받습니다. 잠 11:24-25 ; 막 10:21 ; 눅 6:38, 전 11:1
④ 바친 대로 받습니다. 롬 11:35-36 ; 고후 9:7 ; 왕상 17:10-16

4. 하나님이 성도들을 위해 예비한 상급은 무엇일까요?

① 천국을 영원한 기업으로 주십니다.
천국이 우리의 보상입니다. 주님을 섬기며 고난을 참아온 형제들에게는

눈물을 씻기시고 마음의 아픔을 싸매시며 위로하여 영광스런 면류관을 주시고 영원히 하나님과 함께 있게 하시는 것 그것이 바로 우리가 받는 영원한 보상입니다. 만일 우리 앞에 천국이 없다면 우리의 신앙은 별 의미가 없을 것입니다.

② 각종 면류관이 약속되었습니다.

하나님은 일생 주를 위해 살아온 성도들에게 천국을 기업으로 주실 뿐 아니라 영광스런 면류관을 약속해 주셨습니다. 성도가 받을 면류관에 대하여 성경은 다음과 같이 말하고 있습니다.

썩지 않는 면류관(고전 9:24-25)과 자랑의 면류관

신앙의 경주에서 승리한 사람들에게 주시는 영광스런 면류관입니다. 옛날 그리스 아테네에서 열렸던 고대 올림픽에서는 마라톤 경주의 승리자에게 월계수 가지로 만든 면류관을 주었습니다. 그러나 그것은 금방 시들고 썩어버리는 것입니다. 명예도 시들었습니다. 그것은 어디까지나 이 세상에서 주어진 것이었기 때문입니다. 그러나 신앙의 경주에서 승리한 사람에게는 하늘의 면류관이 주어집니다. 우리는 그 면류관을 얻기 위해 인내로서 신앙의 경주를 해야 합니다(히 12:1). 그리고 자랑의 면류관은 무엇입니까? 바울은 자신이 전도하여 구원한 성도들이 하나님 앞에서 자신의 자랑이요 면류관이라고 고백하였습니다(살전 2:19-20). 전도자에게는 전도한 그 영혼이 자랑의 면류관이 됩니다.

의의 면류관과 생명의 면류관(약 1:12 ; 계 2:10)

이것은 믿음의 선한 싸움을 싸우고 승리한 사람들이 받는 면류관입니다(딤후 4:7-8). 환난과 핍박 중에도 신앙을 지킨 성도에게 하나님은 의의 면류관을 주십니다. 생명의 면류관은 온갖 유혹과 시험을 잘 이기고 주님을 사랑하여 죽도록 충성한 사람들에게 주시는 면류관입니다.

영광의 면류관(벧전 5:2-4)

이것은 직분 감당 잘한 사람들에게 주시는 면류관입니다. 목자장 되신 주님을 잘 받들어서 그분이 맡겨주신 직분을 잘 감당할 때 영광의 면류관이 약속되어졌습니다.

올림픽에서 금메달을 따는 것이나 노벨상을 타는 것이나 다 귀중합니다. 그러나 그것들은 상 받은 사람이 이 땅에 존재할 때만 가치를 지닙니다. 금메달도 녹슬고 그 명예도 사라질 것입니다. 그러나 하늘의 상은 영원한 것입니다. 세상의 노벨상이나 올림픽 금메달에 비할 바가 아닙니다.

③ 이러한 면류관을 받기 위해서 어떻게 해야 할까요?

디모데후서 4:5-7절에서 찾아볼 수 있습니다. 모든 일에 근신해야 합니다. 주를 위해 고난을 받아야 합니다. 전도인의 일을 해야 합니다. 직무를 다해야 합니다. 선한 싸움을 싸워야 합니다. 달려갈 길을 다 달려야 합니다. 우리를 위해서 있을 처소를 예비하러 가신 주님은 성도들이 이 땅에서 주를 위해 흘린 피와 눈물 그리고 땀방울에 해당하는 상급도 준비하고 계십니다. 바울은 그것을 바라보고 믿음을 지켰을 뿐 아니라 자신에게 주어진 달려갈 길, 즉 사명의 길을 끝까지 달렸다고 하였습니다(딤후 4:7-8).

그렇습니다. 의로운 재판장이신 주님이 나타나실 때에 믿는 자에게 주실 하늘의 영원한 상급이 준비되었습니다. 그 상급을 바라보며 믿음을 지키고 사명을 감당합시다.

◈ **생각해 봅시다.**

1) 하나님의 심판이 구원받은 자들과 멸망 받을 자들에게 어떻게 다릅니까?
2) 성도가 하나님께 받는 보상은 어떤 원칙에 의해서 시행됩니까?
3) 하나님이 성도들을 위해 예비하신 상급은 무엇입니까?

47주 / 천국을 알아야 합니다.

요한계시록 22:1-5

모든 일에는 결론이 있습니다. 시작도 중요하지만 결론은 더 중요합니다. 그렇다면 우리 신앙 생활의 결론은 무엇입니까? 그것은 천국이라는 말한 마디로 설명할 수 있습니다. 신앙 생활의 궁극적인 목표는 영혼이 구원받아 하나님 나라에 들어가는 것입니다. 그렇지 않다면 우리가 사는 이 땅에서의 모든 것들이 의미가 없어집니다. 그러므로 신앙 생활을 잘하기 위해서는 천국에 대하여 알고 천국을 사모해야 합니다.

1. 천국의 구별

천국은 하나님이 통치하시는 나라인데 다음과 같이 다섯 가지로 구분할 수 있습니다.

① 마음 천국

마음 천국은 성령이 우리 안에 계심으로 이루어지는 천국입니다(눅 17:20-21). 우리의 마음에 성령이 계시면 우리의 몸은 하나님의 성전이 되는데(고전 6:19) 이것이 바로 마음 천국입니다.

② 교회 천국

성령을 받아 천국이 이루어진 마음들이 함께 모이면 교회가 됩니다. 그래서 교회 천국이라고도 하는데 교회는 궁극적으로 하나님의 통치가 실현되는 하나님의 나라입니다.

③ 낙원 천국

낙원 천국은 심판 전에 죽은 성도들이 그리스도의 재림시까지 거하는 곳을 의미합니다. 성경에서는 일반적으로 성도들의 영혼이 가는 곳을 낙원이라고 표현하고 있습니다. 천국이라는 말은 포괄적인 의미로 쓰여져서 구원받은 영혼이 가는 곳을 의미하기도 하고 현재 하나님의 통치가 임하는 교회와 성도 개인의 마음 상태를 의미하기도 합니다. 결국 낙원과 천국을 구원받은 영혼의 거처라는 면에서 구분한다면 심판을 기점으로 하여 심판 이전에는 낙원이라고 하고 심판 이후에는 천국이라고 구별할 수 있습니다. 그러므로 천국과 낙원은 동일한 장소이며 복락과 영광이 동일합니다.

④ 천년 왕국 천국

그리스도 재림시에 부활하여 그리스도를 영접한 성도들이 천 년 동안 주님과 함께 왕 노릇 하며 사는 하나님의 나라를 의미합니다. 이 세상 역사의 연장선상에서 이 세상에 이루어집니다. 1000년 동안 한시적으로 이루어집니다. 마귀는 잡혀 무저갱에 갇히고 성도들은 그리스도와 더불어 왕 노릇 할 것입니다(계 20:1-6).

⑤ 영원한 하나님의 도성 천국

이것이 바로 성도들이 영원히 하나님과 함께 영생할 곳 미래의 영원한 천국입니다. 천국은 천년왕국이 끝나고 하나님께서 사망과 음부를 심판하여 불 못에 던져 멸한 후에 이루어집니다. 이 세상을 새롭게 하여 "새 하늘과 새 땅"이 되게 한 후에 그곳에 하나님의 보좌가 있는 "새 예루살렘성"이 하늘로부터 내려옵니다(계 21:1-2). 이 새 예루살렘이 바로 미래에 실현될 영원한 천국의 모습입니다.

성곽과 성문이 있습니다(계 21:11-12).

성곽은 벽옥으로 쌓았고 기초는 사도들의 이름이 새겨진(계 21:14) 12개의 각각 다른 보석으로 이루어져 있습니다. 가로 세로 높이가 같은 정사

각형의 모습입니다(계 21:16). 그리고 그 성에는 12개의 진주 문이 있는데 12 지파의 이름들이 쓰여져 있습니다. 성 안의 길은 맑은 유리 같은 정금으로 단장되었습니다(계 21:16).

하나님의 영광이 언제나 가득합니다.
성은 하나님의 영광의 빛이 언제나 비치므로 해나 달이 필요 없는 곳입니다(계 21:23, 22:5).

생명수 강과 생명수 실과가 있습니다.
생명의 물이 하나님의 보좌로부터 시작하여 길 가운데로 흐르고 그 강 양옆에는 생명나무가 있어 열두 가지 열매를 달마다 맺힙니다(22:1-2).

2. 천국의 특징

① 하나님의 통치가 임하는 곳이 천국입니다.
하나님 나라는 하나님의 통치가 임하는 곳을 의미합니다. 내 마음에 하나님의 통치가 이루어지고 있으면 그곳이 하나님의 나라, 즉 천국입니다. 그러나 마귀의 통치가 이루어지고 있으면 사단의 나라가 되는 것입니다.

② 천국은 장소적인 곳입니다.
천국이 막연히 영적인 곳이라거나 사람들의 마음속에 관념적으로만 존재한다고 생각해서는 안 됩니다. 분명히 장소적인 곳입니다. 하나님이 창조하신 우주 저 너머 어디엔가 반드시 실제하고 있는 장소적인 곳입니다(시 103:19). 왜냐하면 성경에서 분명한 하나의 처소로 설명하고 있기 때문입니다. 사도행전 1:11절에서 예수님의 승천에 대해 "하늘로 올리우신"이라고 말한 것으로 보아 처소적 의미로 한 곳에서 다른 한 곳으로 옮기셨다는 것을 의미하며, 요한복음 14:2절에서도 주님께서 우리가 있을 처소를 예비하러 가셨다가 다 예비한 후에 다시 오셔서 그곳으로 성도들을 데

리고 가실 것이라고 말씀하셨습니다. 그리고 바울은 천국을 가리켜 셋째 하늘 즉 삼층천이라고도 표현하며 하나님의 능력으로 그곳까지 올라 갔었다고 간증하였는데(고후 12:2-4) 그것은 하나님이 창조하신 우주 그 어느 곳엔가 공간적으로 존재한다는 것을 말하고 있는 것입니다.

③ 새로워진 세계입니다(계 21:4-5).

우주 가운데 죄악 된 요소를 심판을 통해서 제거하시고 택한 자녀들은 그리스도의 보혈로 깨끗하게 하셨기 때문에 우주 전체에 죄악된 요소는 사라졌습니다(계 20:11-14). 그러므로 저주가 없고(계 22:3) 눈물이 없으며 고통도 사망도 없습니다(계 21:4).

④ 하나님의 위로가 있는 곳입니다(계 21:3).

세상에서 살 때 흘렸던 믿음의 눈물을 닦아주십니다. 상급으로 갚아주시며 축복해 주십니다. 그 복은 하나님이 영원토록 인생과 함께하시는 것입니다(계 21:3). 그렇습니다. 천국은 관념도 상상도 아닙니다. 얼마 후에 우리가 죽으면 심각하게 다가올 틀림없는 미래이며 현실입니다. 누가 이 천국에 들어갈까요? 요한계시록 21:27절에 보면 오직 어린양의 생명 책에 기록된 자들뿐이라고 하였습니다. 어린 양 예수 그리스도를 마음에 믿고 영접하고 믿음의 길, 거룩한 길을 끝까지 걸어간 사람들입니다.

◆ 생각해 봅시다.

1) 현재 믿는 성도들 안에 이루어진 천국은 어떤 천국입니까?
2) 하나님께서 통치하시는 마음의 천국을 이루면서 살아가고 있습니까?
3) 현재 성도들의 영혼이 가 있는 천국은 어떤 천국입니까?
4) 미래에 이루어질 새 하늘과 새 땅 즉, 영원한 천국은 어디에 이루어질까요?
5) 천국은 어떤 곳입니까? 그 특징을 말해봅시다.

48주 / 믿음의 덕을 세워야 합니다.

로마서 15:1-2

중국 고어에 "역장(力將)은 지장(智將)만 못하고 지장은 덕장(德將)만 못하다."는 말이 있습니다. 전쟁을 하는 데 힘이 있는 장군이 전략 전술을 잘 짜는 지장을 당할 도리가 없고 그러나 지장도 화합과 단결을 이루는 덕장을 당할 수가 없다는 것입니다. 이 논리는 기업의 운영에도 적용되고 인생살이에도 적용되며 위정자의 통치에도 적용이 될 뿐만 아니라 성도들의 신앙 생활에도 적용이 될 수 있을 것 같습니다. 본문에서 "선을 이루고 덕(德) 을 세우도록 할지니라."라고 말씀하고 있습니다. 덕을 세우는 것이야말로 신앙 생활을 잘하는 것입니다.

1. 덕이란 무엇을 의미하는 것일까요?

덕을 나타내는 헬라어는 베드로후서 1:5절에서 "아레테"(ἀρετή)라는 단어를 썼습니다. 도덕적으로 선하고 아름다움을 나타내는 말입니다. 어진 마음씨나 행위를 나타낼 때 덕이라는 말을 썼습니다. 성도의 마음씨나 행동은 아름답고 선해야 한다는 것입니다.

2. 덕을 세운다는 것은 어떤 의미입니까?

본문에 나타난 덕을 세운다는 말은 오이코도메(Οἰκοδμή)라는 말입니다. 이 말은 건축가들이 여러 가지 재료를 가지고 건물을 짓는 것을 나타내는 단어입니다. 그러므로 덕이란 자신이 추구하고 어떤 가치관에 대해서 행동으로 나타내는 것 즉 실천을 의미합니다.

3. 어떻게 하는 것이 덕을 세우는 것일까요?

① 다른 사람의 유익을 구하는 것입니다.

덕을 세운다는 것은 결국 자기 혼자만의 유익을 위하는 것이 아니고 모두의 유익을 구하는 것입니다. 사도 바울은 고린도에서 전도할 때에 믿음이 약한 성도들이 실족한다면 자신은 영원히 고기를 먹지 아니하겠다고 하였습니다(고전 8:13). 그러므로 덕을 세우기 위해서는 고린도전서 10:24절에서 언급한 대로 누구든지 자기의 유익을 구치 말고 남의 유익을 구하여야 하겠습니다.

② 다른 사람의 입장을 배려하는 것입니다.

덕을 세우는 사람은 모든 일에 상대방의 처지와 입장을 배려하는 사려 깊은 마음씨를 갖고 있습니다. 남의 기분이나 감정 등은 전혀 생각지 않고 말하거나 행동하는 것은 예의에 어긋날 뿐 아니라 덕을 세우지 못하는 것입니다. 다른 사람의 약점을 담당하고 이웃을 기쁘게 하는 것이(롬 15:1) 남의 입장을 배려하여 덕을 세우는 일입니다.

③ 상대방의 말을 경청하는 것입니다.

야고보서 1:19절에서 사도 야고보는 "사람마다 듣기는 속히 하고 말하기는 더디 하며 성내기도 더디 하라."고 말하였습니다. 그리고 잠언 18:13절에서는 "사연을 듣기 전에 대답하는 자는 미련하여 욕을 당하느니라."라고 하였습니다. 남의 얘기는 전혀 듣지 않고 자기 말만 하는 사람이 있습니다. 남의 말에 성의를 가지고 들어주고 이해해 주는 사람이 덕을 세우는 사람입니다. 사람들은 그런 사람에게서 편안함을 느끼기 때문입니다.

④ 남을 나보다 낫게 여기는 것입니다.

남을 나보다 낫게 여기는 것은 성도의 기본적인 덕성입니다. 겸손한 사람은 남을 무시하지 않습니다. 얕잡아보지도 않습니다. 그래서 빌립보서

2:3절에서 "아무 일에든지 다툼이나 허영으로 하지 말고 오직 겸손한 마음으로 각각 자기보다 남을 낫게 여기고 각각 자기 일을 돌아볼 뿐더러 또한 각각 다른 사람들의 일을 돌아보아 나의 기쁨을 충만케 하라"라고 말씀하였습니다.

자기를 낮추고 남을 낫게 여기면 자신이 비참해지는 것으로 잘못 생각하는 사람들이 많습니다. 그러나 주님은 마태복음 23:12절에서 "누구든지 자기를 높이는 자는 낮아지고 누구든지 자기를 낮추는 자는 높아지리라."라고 하였습니다. 그리고 욥기 5:11절에서도 "낮은 자를 높이 드시고 슬퍼하는 자를 흥기시켜 안전한 곳에 있게 하시느니라."라고 하였습니다.

⑤ 서로 화합하는 것입니다.

집을 지을 때 많은 재료가 서로 연결되어 하나의 건물로 든든히 세워지는 것처럼 하나님의 교회도 모든 성도들이 서로 사랑으로 든든히 연결되어 하나로 지어져 가는 것이 덕을 세우는 일인 것입니다.

사탄은 서로 반목 질시하게 하여 다툼과 분쟁을 일으킵니다. 오해와 곡해를 통해 서로 미워하고 원수 맺게 합니다. 그러나 성령은 용서와 화목을 주시고 성도들에게 적극적으로 그것을 요구하고 계십니다. 화합은 진정한 용서를 통하여 가능합니다. 마음으로부터 용서하지 않으면 화합할 수가 없는 것입니다.

그렇습니다. 무엇보다도 성도가 힘쓸 일은 믿음의 덕을 세우는 일입니다. 고린도전서 14:26절에 보면 성령의 각종 은사도 덕을 세우기 위함이라고 하였습니다.

영국의 처칠 수상이 샌더스티 육군사관학교에 재학하고 있을 때에 시내로 외출을 나갔다가 훈육관을 만났는데 외출 시에는 반드시 기숙사 게시판에 자신이 외출했다고 하는 명패를 걸어놓고 나와야 하는 규칙을 깜빡 잊은 것이 생각이 났습니다. 그는 돌아가서 훈육관에게 혼날 줄 알고 서둘러 귀대하였는데 기숙사에 와 보니 자신의 명패가 외출을 나타내는 곳에 걸려 있는 것이었습니다.

시내에서 만났던 훈육관이 말을 타고 먼저 와서 처칠의 명패를 외출 표시에 걸어 놓은 것이었습니다. 처칠은 그 훈육관의 남을 배려하는 덕 있는 마음에 깊은 감명을 받고 규칙을 잘지키는 훌륭한 군인이 되었을 뿐 아니라 전쟁의 폐허에서 영국을 일으킨 수상이 되었습니다.

개인적으로 믿음이 아주 좋은 사람도 덕이 없어서 다른 사람들에게 비난을 받는 사람이 있습니다. 기도를 많이 하는데도 덕을 세우지 못하여 사람들에게 따돌림을 받는 사람도 있습니다. 열심히 봉사하고 충성하는데도 덕을 세우지 못하여 욕먹는 이도 있습니다.

덕은 봄바람처럼 훈훈한 세상의 향기입니다. 덕이 있는 성도는 친절하고 진실하며 따뜻합니다. 남이 잘못을 저지르면 너그러운 마음으로 용서하고 감싸줍니다. 남의 단점을 비난하기보다는 장점을 이해하고 키워줍니다. 이러한 마음은 성숙한 그리스도인들이 가져야 할 마음입니다. 덕을 세우는 성도가 되어야 하겠습니다. 그래야 신앙 생활을 잘할 수 있습니다.

◈ 생각해 봅시다.

1) 어떻게 하는 것이 성도의 덕을 세우는 것입니까?
2) 믿음은 좋은 데 주변의 사람들에게 비난을 받는 교우가 있다면 그 이유가 무엇일까요?
3) 덕을 세우지 못하는 편협 된 신앙 생활로 인해 주위 사람들에게 본보기가 되지 못하고 있지는 않습니까?

12월

한계 상황을 극복해야 합니다.
다시 오실 예수님을 기다립시다.
건강 관리를 잘해야 합니다.
꾸준히 잘해야 합니다.

49주 / 한계 상황을 극복해야 합니다.

빌립보서 4:13

우리가 이 세상에서 살다보면 여러 가지 한계에 부딪힐 때가 있습니다. 인간의 힘으로 할 수 없다고 생각하는 그 때가 한계라고 한다면 성경은 이 한계를 믿음으로 극복하고 승리한 사람들의 이야기입니다. 바울이 그랬습니다. 그는 고백하기를 고린도후서 4:8절에서 사방으로 우겨쌈을 당하여도 싸이지 아니하며 답답한 일을 당하여도 낙심하지 아니한다고 하였습니다.

다윗도 그랬습니다. 사울왕이 그를 죽이려고 끈질기게 쫓아다녔지만 그는 절망하지 않았습니다. 아들이 반역하고 자신을 향해 칼을 겨누는 한계 상황에서도 그는 결코 낙심하지 않았습니다. 그리고 자신의 절망적인 상황으로 인하여 자신에게 손가락질하고 비난하는 소리를 들었어도 그는 누구를 원망하거나 핑계하지 않았습니다. 오히려 자신을 돌아보고 하나님께 긍휼 얻을 기회인 줄 알았습니다(삼하 16:5-13). 우리에게 여러 가지 한계 상황이 닥칠 때 어떤 태도를 취하여야 할까요?

1. 도전 의식입니다.

한계에 도전하는 마음은 곧 그것을 정복할 수 있는 마음입니다. 넘어질 때 넘어지더라도 이대로 주저 앉아 있을 수 없다고 생각하고 자신에게 닥친 한계 상황에 적극적으로 대처하고 그것과 싸우는 것입니다. 야곱은 20년 만에 고향으로 돌아오게 되었습니다. 고향을 떠날 때는 혈혈단신 빈손으로 떠났던 그가 20년 만에 12명의 아들과 많은 재물과 종들을 거느리고 돌아올 때 뜻하지 않은 문제에 부딪혔습니다. 그것은 형 에서가 군사를 거느리고 마중 나온다는 것이었습니다.

그는 불안하였습니다. 20여 년 전 아버지와 형을 속였던 것이 생각났기 때문이었습니다. 형 에서가 군사를 거느리고 오는 것은 분명히 20년 전 일에 대한 화를 아직도 풀지 않고 있다는 것을 말하는 것이었기 때문입니다.

야곱은 더 이상 자신의 힘으로 어찌할 수 없음을 인식하고 하나님께 엎드려 기도하였습니다. 성경은 그가 기도하는 장면을 천사와 씨름하는 것으로 묘사하고 있습니다. 야곱은 천사와 씨름할 때 자기가 천사를 이길 것이라고는 생각지 못하였을 것입니다. 그러나 그는 끝까지 천사를 붙들고 놓아주지 않았습니다. 결국 그는 천사와 씨름하여 이긴 자라고 하는 뜻으로 "이스라엘"이라고 하는 새 이름을 받았습니다. 문제에 대하여 도전하는 것 이것은 이미 문제의 절반은 해결해 놓은 것이나 다름이 없습니다.

어느 날 한 교수가 고급 박사과정 수학강의 시간에 아주 어려운 문제 하나를 칠판에 적었습니다. 그리고 학생들에게 풀어보라고 하면서 다음과 같이 말하였습니다. "이 문제는 수년간 많은 수학자들이 풀려고 해도 풀리지 않은 문제입니다. 여러분도 아마 힘들 것입니다. 그러나 여러분이 한번 이것을 풀어보시기 바랍니다." 학생들은 모두 문제를 풀지 못하고 끙끙대고 있었습니다. 그런데 그 교수가 문제를 제시한 지 10분이 지나서 교실에 들어온 학생 한 명이 있었습니다. 그 지각생은 자리에 앉았고, 칠판 위의 문제를 보고 풀기 시작하더니 결국 풀고 말았습니다. 지각생이 문제를 푼 것입니다. 그 학생이 뛰어나서 그랬을까요? 아닙니다. 이 학생은 이 문제가 풀리지 않는 수학문제라는 말을 못 들었기 때문입니다.

우리에게도 단지 해답이 없다고 들었기 때문에 풀지 못 한 문제가 얼마나 많을까 의문스럽습니다. 문제 해결의 첫 열쇠는 문제를 풀겠다는 마음가짐을 갖는 것입니다. 모든 문제는 해결이 가능합니다. 문제로 인해 올바른 결정을 포기하지 마십시오. 쉽게 빠져나갈 구멍을 미끼로 올바른 해결책을 놓치지 마십시오. 우리가 보는 것과 추구하는 것이 우리의 성패를 좌

우합니다. 문제해결의 관건은 그 문제가 아니라 그 문제를 당한 우리에게
더 많이 달려 있습니다. 비록 우리의 뜻대로 문제를 선택할 수는 없다 할지
라도 문제에 대해 도전하는 마음가짐은 우리 스스로 결정할 수 있습니다.

2. 하나님께 대한 신뢰입니다.

우리 앞에 어떤 문제가 있고 내가 그것을 극복하기에는 한계에 도달했
다 할지라도 전능하신 하나님에 대한 신뢰는 하나님의 도움을 받게 하는
근거가 됩니다.

다니엘의 세 친구인 사드락, 메삭, 아벳느고는 느브갓네살 왕이 만든 금
신상에 절하지 않았다는 죄목으로 체포되어 극렬히 타는 용광로에 던져
질 형편에 처하였습니다. 그러나 그들은 끝까지 하나님을 신뢰하였습니
다. 그들은 지금이라도 왕의 신상에 절하면 살려주겠다고 하는 왕의 제의
에 한마디로 거절하면서 신앙을 지켰습니다. 오히려 그리 아니 하실지라
도 왕의 신상에 절할 수 없다고 하였습니다(단 3:15-17).

이와 같은 행동은 하나님에 대한 신뢰로부터 나오는 것입니다. 결국 평
소보다 7배나 더 뜨겁게 달군 용광로에 던져졌지만 하나님은 그 가운데 함
께하셔서 머리털 하나 그슬리지 않고 완전하게 지켜주셨습니다. 어떤 상
황 속에서도 버리지 않으실 것이라고 하는 하나님에 대한 신뢰는 그 한계
상황을 극복할 수 있는 원동력이 되게 합니다.

3. 긍정적인 사고방식입니다.

대부분의 사람들은 실제로 자신의 능력의 한계 상황에 도달하기 전에 먼
저 심리적으로 한계 상황을 미리 만들어 버립니다. 즉 할 수 없다고 미리
겁부터 먹고 포기하고 마는 것입니다. 그러므로 정말 할 수 없어서 할 수
없는 것보다 할 수 없다고 생각하기 때문에 할 수 없는 일들이 더 많습니
다. 신자는 좀 더 긍정적이 되어야 합니다. 왜냐하면 전능하신 하나님이 계
시고 그분이 우리 아버지이시기 때문입니다.

주님은 마가복음 9:23에서 "할 수 있거든이 무슨 말이냐 믿는 자에게는

능치 못 할 일이 없느니라"라고 하셨고, 바울도 빌립보서 4:13 절에서 "내게 능력 주시는 자 안에서 내가 모든 것을 할 수 있느니라"라고 선언하고 있습니다. 그러므로 능력주시는 주님 안에서 나도 할 수 있다고 선언하십시오. 그러면 그 믿음대로 하게 될 것입니다.

인생의 긴 여정에서 우리는 많은 어려움에 부딪힙니다. 입학 또는 취직 시험에서 낙오자가 되거나 사업에 큰 어려움을 겪거나, 교통사고를 당하거나 어려운 질병에 걸리는 등 크고 작은 돌부리들이 우리를 넘어뜨리려고 세상에 잠복해 있습니다.

그리스도인에게도 이런 고난들은 예외일 수 없습니다. 그러나 아름다운 꽃을 피우기 위해 씨앗이 무거운 흙덩이를 뚫고 자라나야 하듯 예비된 축복과 삶의 승리를 위해 우리도 자신을 연단시키는 계기로 고난을 받아들여야 합니다. "사람이 감당할 시험밖에는 너희에게 당한 것이 없나니"(고전10:13)라는 말씀에서 약속하신 것처럼 하나님은 우리가 감당할 만큼의 어려움을 주시고 그 대처 방안까지 예비하시기 때문입니다. 그러므로 한계에 도전하는 의식과 하나님께 대한 신뢰 그리고 긍정적인 사고방식으로 한계 상황을 극복하는 믿음이 됩시다.

◈ 생각해 봅시다.

1) 요즘 여러분이 한계 상황이라고 느껴지는 것은 무엇입니까?
2) 인간의 한계를 극복할 수 있는 비결이 무엇입니까?
3) 긍정적인 사고방식을 가지고 있는 주위 사람들 중 몇 명만 말해보시오.

50주 / 다시 오실 예수님을 기다립시다.

사도행전 1:9-11

예수님이 하늘로 승천하시면서 우리에게 주고 가신 약속이 있습니다. 첫 번째는 보혜사 성령을 보내시겠다는 것입니다(요 16:7). 이 약속은 오순절 마가의 다락방에 성령의 강림으로 성취되었습니다. 그리고 오늘날도 그리스도를 믿는 모든 성도들에게 이루어지고 있습니다. 두번째 약속은 함께 계시겠다는 것입니다. 이 약속은 우리에게 오신 성령께서 믿는 자 안에 내주하여 떠나지 않고 계시기 때문에 이루어졌습니다(요 14:16). 세 번째 약속은 다시 오리라는 것입니다(요 14:3). 다시 오신다는 약속은 아직 성취되지 않았지만 지금까지 다른 언약들이 성취된 것처럼 재림의 약속도 반드시 성취 될 것입니다.

1. 재림의 중요성
재림에 대한 바른 이해가 없이는 성경의 예언들을 바로 이해할 수가 없습니다. 왜냐하면 재림은 하나님이 작정하신 구속사의 절정이며 역사의 결론이 맺어지는 사건입니다.

① 성도들의 유일한 소망입니다.
디도서 2:13절에서 "복스러운 소망과 우리의 크신 하나님 구주 예수 그리스도의 영광이 나타나심을 기다리게 하셨으니"라고 말하고 있습니다. 수많은 성도들이 환난과 핍박 속에서도 믿음을 지켰고 인내했습니다. 그 것은 주님의 재림을 바라보았기 때문입니다. 재림은 우리에게 복스러운 소망입니다.

② 세상 역사의 결론입니다.

아담의 타락 이후로 세상은 사탄의 영향 아래 있었습니다. 재림을 통하여 사탄은 심판을 받고 불 못에 던져집니다. 그리고 사탄의 영향으로 가득했던 세상의 역사도 의로운 하나님의 심판대 아래 서게 될 것입니다

③ 세상 만물도 주님의 재림을 기다립니다.

로마서 8:19절에 피조물도 하나님의 아들들이 나타나기를 고대하고 있다고 하였습니다. 인간의 범죄로 함께 저주받았던 만물들도 주님이 재림하시므로 저주에서 해방됩니다.

2. 재림의 시기

재림이 언제 있을 것인가 하는 것은 사람들의 관심의 대상이지만 그 날과 그 시는 아무도 모른다는 것이 성경과 주님의 가르침입니다(마 24:36). 천사도 모르고 심지어 예수님도 이 땅에 계실 때는 모르고 오직 하나님만 아신다고 했습니다. 그럼에도 불구하고 재림의 시일을 정하는 사이비 종파들이 과거에도 있었고 현재도 있습니다. 모두 위험하고 그릇된 것들입니다. 재림의 일시에 대하여는 아무도 모르게 도적같이 오실 것이라고 말씀하고 있습니다(마 24:36 ; 살전 5:2). 그런데 재림의 일시에 대하여는 언급이 없지만 재림의 징조에 대하여는 많은 언급이 있습니다. 그것은 성도들로 주님을 영접할 준비를 갖추게 하기 위해서입니다.

3. 재림의 징조

① 전 세계에 복음의 전파(마 24:14)

주님은 "이 천국 복음이 모든 민족에게 증거되기 위하여 온 세상에 전파되리니 그제야 끝이 오리라"(마 24:14)라고 하셨습니다. 복음이 모든 민족에게 전파될 때 주님이 오시겠다는 것입니다.

② 거짓 그리스도의 미혹(마 24:5,11)과 난리의 소문

많은 거짓 그리스도들이 나타나서 자신이 재림주라고 말하고 거짓 기적을 행하며 사람들을 미혹할 것입니다. 그리고 나라가 나라를 대적하여 전쟁이 일어나고 민족이 민족을 대적하는 소문이 날 것입니다(마 24:6-8).

③ 기근과 지진, 불법이 성행하고 사랑이 식어짐(마 24:12)

곳곳에서 전에 없었던 기근과 지진으로 인한 자연 재난이 발생할 것입니다(마 24:7). 그리고 사람들의 마음이 강퍅해지고 이기주의가 팽배하여 불법이 성행하고 사랑이 식어질 것입니다.

④ 국제 정세의 혼란(눅21:25下)

눅 21:25절에 "민족들이 바다와 파도의 우는 소리로 인하여 혼란한 중에 곤고하리라"라고 하였는데 이것은 군사, 경제, 정치를 중심으로 한 세계 질서가 혼란에 빠지는 것을 의미합니다.

4. 재림의 모양

예수님이 승천하실 때 하늘로 가심을 본 그대로 다시 오시리라고 선언하였습니다. 이 말씀은 다음과 같은 의미가 있습니다(행 1:9-11).

① 육체적으로 재림하시고 모든 사람들이 볼 수 있게 재림하십니다.

정신적, 또는 영적으로 오는 것이 아니고 부활하셨던 그 몸 그대로 오십니다. 신자들뿐 아니라 그를 찌른 자들, 즉 불신자들과 핍박자도 다 볼 수 있게 오십니다. 요한계시록 1:7절에 "볼지어다 구름을 타고 오시리라 각인의 눈이 그를 보겠고 그를 찌른 자들도 볼 터이요 땅에 있는 모든 족속이 그를 인하여 애곡하리니"라고 하였습니다.

② 천사들과 함께 오시고(살전 4:16), 영광의 구름을 타고 오십니다(계 1:7上).

데살로니가전서 4:16절에 의하면 주께서 호령과 천사장의 소리와 하나

님의 나팔로 강림하실 것이라고 하였습니다. 요한계시록 1:7절에 보면 "구름을 타고 오시리라"고 했는데 구름이라는 단어는 성경에서 하나님의 영광을 상징하는 것입니다. 처음 오실 때는 낮은 모습으로 오셨지만 다시 오실 예수님은 영광스런 모습으로 오실 것입니다.

③ 돌연적으로 오십니다.(마 24:44 ; 벧후 3:10)
마태복음 24:44절에서는 "생각지 않은 때에 인자가 오리라"고 하였습니다. 그리고 베드로후서 3:10절은 "주의 날이 도적같이 오리니"라고 하였습니다.

5. 재림의 목적은 세상을 심판하고 구원의 완성과 보상을 위해서입니다.
예수 그리스도의 핏값으로 죄 사함을 받고 그를 위해서 고난의 길을 기쁨으로 걸었던 하나님의 자녀들을 사망의 권세에서 해방시켜 하나님 나라에 들어가게 하시고 영원한 상급으로 보상하실 것입니다. 성경의 마지막은 재림에 대한 열망으로 끝납니다. 요한계시록 22:20절을 보면 "내가 진실로 속히 오리라 하시거늘 아멘 주 예수여 오시옵소서"라고 했습니다. 성도가 재림신앙을 함양하면 현재의 고난과 환난을 능히 인내할 수 있으며 신앙이 세속화되지 않고 더욱 열심을 품고 주를 섬기게 됩니다.

◆ **생각해 봅시다.**

1) 주님이 우리에게 주셨던 약속 중에서 아직 실현되지 않은 약속은 무엇입니까?
2) 재림의 시기에 대한 성경의 견해는 어떤 것입니까?
3) 재림의 징조에는 어떤 것들이 있습니까?
4) 예수님의 재림과 복음의 전파와는 어떤 관계에 있습니까?
5) 재림의 목적은 무엇입니까?
6) 주님께서 지금 재림하신다면 기쁨으로 맞이할 준비가 되셨습니까?

51주 / 건강 관리를 잘해야 합니다.

요한삼서 1:2

　신앙 생활을 잘하기 위해서라도 건강해야 합니다. 기도 많이 하고 은혜 체험을 한 사람들 중에 신비주의적 이원론에 빠진 사람들이 있습니다. 영혼은 신령한 것이고 육신은 세속적인 것이라고 생각하여 과도하게 고행을 하여 신비적 만족을 얻고자 하는 것은 바른 신앙이 아닙니다. 성경은 결코 육체를 악한 것으로 보지 않습니다. 다만 타락한 인생들이 육체를 죄의 도구로 사용할 때 그것을 악하다고 하는 것입니다. 선악은 마음과 영혼의 문제이지 결코 육신 자체가 악한 것이 아닙니다. 오히려 육체는 하나님의 영광을 나타내기 위한 도구입니다. 하나님은 결코 육체가 병들어서 제 역할을 다하지 못하게 되기를 원치 않으십니다. 그러므로 성도는 경건을 증진하는 것만큼이나 육체가 강건케 되는 것을 위해서도 힘써야 합니다.

1. 몸이 건강하여야 하는 이유

① 하나님의 뜻이기 때문입니다.

　원래 인간은 영·육이 하나님의 형상대로 창조되었습니다. 그의 택하신 백성들이 건강하고 강건하게 사는 것은 하나님의 거룩한 뜻입니다. 그래서 요한은 "사랑하는 자여 네 영혼이 잘 됨같이 범사가 잘 되고 강건하기를 원한다"고 하였습니다(요삼 1:2).

② 몸은 성령이 거하는 전이기 때문입니다.

　하나님의 성령이 거하는 전을 우리가 강건하게 관리하는 것은 주의 일을 하는 것입니다. 몸을 건강하게 관리하여 하나님의 영광을 돌리는 일에 사용하여야 합니다(고전 6:19-20).

③ 원래 건강하게 창조되었기 때문입니다.

하나님의 창조 원리 안에 인간은 원래 건강하게 창조되었습니다. 질병을 위해 창조되지 않았습니다. 그러기에 질병이나 쇠약함은 죄로 인해 인간들에게 찾아온 불청객입니다.

④ 하나님의 일에 더욱 쓰임 받기 위해서입니다.

물론 경우에 따라서는 약하고 병든 것도 훌륭하게 쓰임받기도 하지만 일반적으로는 병들고 약한 것보다는 건강할 때 주의 일에 더욱 쓰임받을 것입니다. 그러기에 주의 일을 많이 하기 위해서라도 건강해야 합니다.

⑤ 주님께서 약한 것과 병든 것을 모른 척하지 않으셨기 때문입니다.

주님이 이 땅에 계실 때 하신 사역중에 복음을 전파하신 것과 더불어 모든 병든 것과 약한 것을 고치신 것은 예수님의 중요한 사역이었습니다. 이것은 주님께서 성도가 건강한 몸과 마음을 소유하기를 원하신다는 것입니다.

2. 건강을 해치는 것들

① 게으름

게으름은 삶의 활력을 잃어버릴 때 생겨납니다. 잠언 6:10-11절에 보면 "좀더 자자, 좀더 졸자, 손을 모으고 좀더 눕자 하면 네 빈궁이 강도같이 오며 네 곤핍이 군사같이 이르리라"라고 했습니다. 여기서 게으르면 가난하게 될 뿐 아니라 곤핍이 온다고 했습니다. 곤핍이란 피곤하여 기운이 없는 것을 의미합니다. 즉 힘을 잃어 질병이 생긴다는 것입니다. 건강하기 위해서는 게으름에서 벗어나야 합니다.

② 분노

분노란 몹시 성내는 것을 의미합니다. 성경은 인간이 화를 내는 것 자체를 금하지 않았습니다. 감정이 있는 존재이기 때문에 분을 낼 수 있습니다. 그러나 문제는 그 분노를 어떻게 처리하느냐 하는 것입니다. 그래서 에베소서 4:26절에 보면 분을 내어도 죄를 짓지 말고 해가 지도록 분을 품지 말라고 하였습니다.

③ 은밀한 죄

건강에 있어서 죄는 치명적인 것입니다. 다윗은 시편 32:3절에서 "내가 토설치 아니할 때에 종일 신음하므로 내 뼈가 쇠하였도다"라고 고백합니다. 죄를 짓게 되면 하나님과 원수가 되어 괴로워하게 되고 결국 마음과 육체에 온갖 질병을 유발하게 됩니다.

④ 무절제한 생활 습관

술취함, 흡연, 음란, 과식, 과로, 방탕 등은 갖가지 병의 근원입니다.

3. 건강을 유지하기 위한 성경의 가르침

① 운동

호세아 7:15절에 하나님께서 팔을 연습시켜 강건케 하였다는 말씀이 있습니다. 우리의 몸의 건강을 유지하려면 적당한 운동은 필수적입니다. 그리고 디모데전서 4:8절에 육체의 연습은 약간의 유익이 있다고 하였습니다.

② 회개

시편 39:13절에 시편 기자는 "주는 나를 용서하사 내가 떠나 없어지기 전에 나의 건강을 회복시키소서"라고 기도하고 있습니다. 그것은 죄가 우리의 건강을 해치기 때문입니다. 야고보 사도도 야고보서 5:16절에서 "너희 죄를 서로 고하며 병 낫기를 위하여 서로 기도하라"고 말하였습니다.

③ 의술/의학

주님은 병든 자에게 의원이 쓸데 있다고 마태복음 9:12절에서 말씀하였습니다. 약을 먹고 병원을 찾는 것에 대하여 불신앙으로 매도해서는 안 됩니다. 세상의 의학도 하나님께서 주신 것입니다. 그러나 세상 의술 자체가 우리에게 건강을 주는 것이 아닙니다. 하나님이 낫게 하셔야 약효가 있고 하나님이 고치셔야 의사의 치료가 효과가 있기 때문입니다.

④ 믿음

12년을 혈우병으로 앓았던 여인에게 주님은 마가복음 5:34절에서 "딸아 네 믿음이 너를 구원하였으니 평안히 가라 네 병에서 놓여 건강할지어다"라고 말씀하셨습니다. 주님의 옷에 손만 대어도 나을 줄 믿은 그 믿음이 그의 병을 낫게 하였습니다.

⑥ 예수의 이름으로

베드로와 요한이 사도행전 4:10절에서 성전 미문의 앉은뱅이를 예수의 이름으로 고쳤습니다. 예수는 우리의 질고를 대신 지시고 매를 맞으심으로 우리의 나음이 되었습니다(사 53:5 ; 벧전 2:24). 그래서 예수 이름에 병고침의 능력이 있습니다. 건강하게 삽시다. 그것이 하나님의 뜻입니다.

◈ 생각해 봅시다.

1) 우리의 몸이 건강해야 하는 이유는 무엇입니까?
2) 건강을 해치는 것들은 무엇입니까?
3) 영과 육의 강건함을 위해서 어떠한 노력을 하고 있습니까?
4) 영적으로는 강건하나 육적인 건강에는 소홀히 하고 있지는 않습니까?
5) 성경이 가르쳐 준 건강 유지 비결은 무엇입니까?
6) 병이 들었을 때 병원에 가고 약을 먹는 것과 믿음과는 어떤 관계에 있을까요?

52주 / 꾸준히 잘해야 합니다.

에베소서 6:24

무슨 일이든지 시작을 하기는 쉽습니다. 그러나 그 일을 끝까지 잘하기란 여간 어려운 것이 아닙니다. 신앙 생활도 마찬가지입니다. 우리말에 "작심 삼 일"이라는 말이 있습니다. 결심이 삼 일을 넘기지 못하는 경우를 두고 하는 말입니다. 아무리 어렵고 힘든 일이라도 순간은 모두 잘할 수 있습니다. 그러나 아무리 쉬운 일이라 하여도 계속하여 꾸준히 한다는 것은 어려운 일입니다. 그러므로 신앙 생활은 꾸준해야 잘하는 것입니다. 한순간에 뜨겁게 타올랐다가 금세 사그러지는 모닥불이 되어서는 안 됩니다.

1. 꾸준한 신앙은 무엇을 말합니까?

① 변함없는 것을 의미합니다.

꾸준한 신앙은 변함이 없습니다. 어제나 오늘이나 1년 전이나 10년 전이나 변함없이 지키고 있어야 할 자기 자리에 여전히 있습니다. 언젠가 고향에 갔을 때 어렸을 적 등하굣길의 오솔길을 찾아봤습니다. 무더운 여름날 검정 고무신에 땀이 나면 벗어서 손에 들고 맨발로 걸었던 추억의 서낭당 고갯길을 찾아보았습니다. 그런데 그 추억의 길은 더 이상 존재하지 않았습니다. 지금은 읍내로 가는 큰길이 생겨 그 길을 이용하지 않게 되자 자연적으로 없어져 버린 것입니다. 그러나 지금도 변함없이 제 자리를 지키고 있는 것이 있습니다. 학교 뒷산입니다. 30년이 되도록 그 때 그 모습으로 지금도 여전히 그곳에 서 있었습니다. 우리의 믿음이 그 산처럼 언제까지든지 웅장하게 서 있을 수 있다면 얼마나 좋을까요?

② 인내하는 것을 의미합니다.

인내가 요구되는 때는 보통 때보다 환난과 고통이 올 때입니다. 그리고 시련과 연단이 임할 때에도 인내가 요구되어집니다. 성도들은 인내심의 은사를 받아야 합니다. 무슨 일이 있어도 참고 견디는 자가 결국은 승리합니다. 그러기에 누가복음 21:19절에 보면 "너희의 인내로 너희 영혼을 얻으리라"라고 하였습니다.

인내심이 없으면 모든 일에 열매를 거둘 수가 없습니다. 인내심이란 기다림을 의미합니다. 기다림에는 절대적으로 인내가 필요합니다. 농부가 인내심이 없다면 씨를 뿌린 후 결실하기까지 기다리지 못할 것입니다. 하나님은 인내심을 갖고 기다리는 사람에게 모든 일에 결실의 축복을 주십니다. 누가복음 8:15절에서는 옥토와 같은 마음을 "인내로 결실하는 자"라고 말씀하였습니다. 그리고 바울 사도는 히브리서 12:1절 하반 절에서 "인내로써 우리 앞에 당한 경주를 경주하며"라고 하였습니다. 인내가 없으면 신앙의 계주에서 승리할 수가 없습니다.

③ 말보다는 실천이 앞서는 것을 의미합니다.

말하기는 쉽습니다. 그러나 그 말을 실천에 옮기는 것은 어렵습니다. 대개 변함없는 믿음을 가진 자들은 말보다 실천이 앞서는 것을 봅니다. 베드로는 말이 앞섰던 사람입니다. 그는 다른 제자들보다 언제나 앞서서 말했습니다. 죽는 데까지라도 따라가겠다고 주님에게 맹세하였습니다. 그런데 그는 실제적으로는 가장 적극적으로 예수님을 부인한 자가 되었습니다. 그런데 성경에 아주 조용하게 주님을 끝까지 따른 사람을 봅니다. 바로 요한 사도입니다. 그는 자기 자신을 먼저 말로써 표현하지 않았습니다. 그가 기록한 요한복음에 보면 자기 자신을 나타낼 때 "나" 또는 "내가"라고 표현한 곳이 한 군데도 없습니다.

자기 자신의 일을 말해야 할 필요가 있을 때에도 자기의 이름이나 또는 "나"라고 하는 1인칭 용어를 쓰지 않고 "사랑하시는 그 제자"라고 하는 3인칭 용어를 썼습니다(요 13:23, 21:7,20).

그는 베드로처럼 위대한 신앙고백을 먼저 하지는 않았지만 예수님의 십자가 바로 밑에까지 따라가서 예수님의 고난의 현장을 가장 가까이에서 목격하고 그 어머니를 부탁하시는 예수님의 부탁을 받은 제자가 되었습니다(요 19:26). 그렇습니다. 우리가 꾸준한 신앙 생활을 위해서는 말보다 실천이 중요합니다.

2. 무엇에 꾸준해야 할까요?

① 주님께 대한 신앙 고백이 변함없어야 합니다.

신앙 고백이란 자신의 가치관의 고백입니다. 예수 그리스도를 주로 믿고 따르기로 했던 가룟 유다는 끝까지 신앙고백을 지키지 못했습니다. 스승에 대한 도리와 동료들에 대한 의리를 몇 푼의 은전의 가치로 바꾸었습니다. 성경은 그를 도적이라고(요 12:6) 하였습니다. 돈의 가치가 주님보다 크게 보였기에 그는 더 이상 예수를 주님이라고 고백할 수 없었던 것입니다.

우리가 진정 변함없는 신앙을 소유하려면 세상의 그 어떤 것보다도 주님이 더 소중해야 합니다. "주 예수보다 더 귀한 것은 없네"라는 찬송가 102장의 가사처럼 말입니다.

② 꾸준히 사랑해야 합니다.

주님을 세 번이나 부인하였던 베드로에게 주님은 네가 나를 이 사람들보다 더 사랑하느냐고 물었습니다. 사랑이 변함없느냐는 것입니다. 에베소서 6:24절에 보면 "주 예수 그리스도를 변함없이 사랑하는 모든 자에게 은혜가 있을지어다."라고 하였습니다. 주를 변함없이 사랑하는 자가 은혜를 받을 것입니다.

③ 꾸준히 섬겨야 합니다.

그리스도인은 섬기는 자입니다. 섬김은 낮아짐의 원리에서 시작합니다.

주님의 낮아지심을 생각하며 변함없이 섬기는 사람을 주님은 높여 주십니다.

④ 꾸준히 충성해야 합니다.

요한계시록 2:10절에서 "죽도록 충성하라."고 하였습니다. 이것은 신앙 생활을 변함없이 꾸준히 하라는 것입니다.

⑤ 꾸준히 기도하여야 합니다.

쉬지 말고 항상 기도해야 합니다. 기도는 영혼의 호흡이며 하나님과의 신령한 교제의 통로이기 때문입니다.

그렇습니다. 신앙 생활은 변함 없이 꾸준히 해야 합니다. 순간 잘하는 것은 쉽습니다. 그러나 주님은 순간을 보지 않습니다. 우리의 과정을 주의 깊게 살펴보십니다. 너희 믿음이 변함없었느냐는 것입니다. 하나님의 나라는 변함없이 받드는 사람들에 의해서 건설되고 확장되어갑니다. 부지런하여 게으르지 말고 열심을 품고 주를 섬기는 성도들이 됩시다.

◈ **생각해 봅시다.**

1) 꾸준한 신앙이란 무엇을 의미하는 것일까요?

2) 신앙 생활에 있어서 꾸준히 힘써야 할 것이 무엇인가요?

3) 여러분은 하나님 앞에서 성실하고 정직하게 일하고 있나요? 아니면 사람 앞에서 인정받기 위해서 애쓰고 있지는 않은지요?